Mechthild Zeul

Joel und Ethan Coen

Film

Mechthild Zeul (Dipl.-Psych., Dr. phil.) ist praktizierende Psychoanalytikerin der Deutschen Psychoanalytischen Vereinigung und der Madrider Psychoanalytischen Vereinigung. Ihre Forschungsschwerpunkte sind psychoanalytische Theorie und Film, psychoanalytische Krankengeschichten sowie die Kritik psychoanalytischer Weiblichkeitstheorien. Sie war Mitherausgeberin der Zeitschrift »Psyche«.

Mechthild Zeul

Joel und Ethan Coen

Meister der Überraschung und des vielschichtigen Humors

[transcript]

Bibliografische Information der Deutschen Nationalbibliothek
Die Deutsche Nationalbibliothek verzeichnet diese Publikation in der Deutschen Nationalbibliografie; detaillierte bibliografische Daten sind im Internet über http://dnb.d-nb.de abrufbar.

transcript Verlag | Hermannstraße 26 | D-33602 Bielefeld | live@transcript-verlag.de

Umschlagkonzept: Kordula Röckenhaus, Bielefeld
Lektorat und Satz: Birgit Albrecht, Berlin
Printed in Germany
Print-ISBN 978-3-8376-2929-3
PDF-ISBN 978-3-8394-2929-7

Gedruckt auf alterungsbeständigem Papier mit chlorfrei gebleichtem Zellstoff.
Besuchen Sie uns im Internet: *http://www.transcript-verlag.de*
Bitte fordern Sie unser Gesamtverzeichnis und andere Broschüren an unter: *info@transcript-verlag.de*

Inhalt

1 Einleitende Überlegungen

Das vorliegende Buch hat persönlichen Charakter. Ich habe nicht alle Filme von Joel und Ethan Coen in meine Interpretation aufgenommen. Die hier behandelten Filme habe ich vor allem aufgrund meiner Vorliebe für die geschickte Inszenierung von Gewalt und Humor ohne moralische Verurteilung des Verhaltens und der Einstellung der Protagonisten zu ihrem Leben gewählt. Hinzu kommt, dass ich ein Interesse daran habe, Motive für die Einstellung und das Verhalten der Protagonisten mittels Übertragung und impliziten Wissens einem psychoanalytischen Verständnis zuzuführen. Nicht alle Filme der Coen-Brüder eignen sich für psychoanalytische Analysen. Wie ich später darlegen werde, haben die Coens eine besondere Gabe, sowohl die Protagonisten, als auch das Ambiente, in dem sie leben, psychologisch zu entwerfen. Ich habe es mir erspart, die Coen-Filme in noir, neo noir, Thriller und Western einzuordnen. Diese Zuordnungen sind äußere Zuschreibungen, die meines Erachtens zu wenig über die ästhetische Vorgehensweise der Brüder aussagen und zu schnell das Urteil nahelegen, das Hauptthema ihrer Filme sei die Gewalt. Vor allem Doom (2009) und Conrad (2009) betonen diesen Aspekt. Gewalt spielt unbestreitbar eine wesentliche Rolle in der filmischen Arbeit der Coens, aber in jedem der hier analysierten Filme erscheint die Gewalt in neuem Gewand. Ich habe feine Interpretationsfäden aufgegriffen, mit ihnen gespielt und bin darüber auf immer neue Gesichter der Gewalt und häufig damit verbunden auf Humor, Kritik und Ironie gestoßen. Für mich stellt die psychologische Ausrichtung der Brüder einen kostbaren Fund dar. *No Country For Old Men* ist einer der Filme, die sich jeglicher psychoanalytischen Zugangsweise sperren. Ich habe ihn aber in meine Auswahl aufgenommen, weil er ein Publikumserfolg war und mit vier Oscars ausgezeichnet wurde. Fast alle meine Freunde haben den Film gesehen und fanden ihn gut und eindrucksvoll, wobei oft nicht zu eruieren war, worauf dieses Urteil beruhte.

Dieses Buch entstand durch die aktive Hilfe, mit der mir Rainer Titsch bedingungslos zur Seite stand. Mein Zögern beim Verfassen des Buches ließ José Antonio Gimbernat nicht gelten. Er trieb mich immer wieder vorwärts. Adi Hanke hat mich stetig auf dem steinigen Weg zu den Brüdern Coen begleitet.

2 Einführung in das Universum der Coen-Brüder

LOSER MIT KRIMINELLER ABSICHT

Joel und Ethan Coen halten sich nicht dabei auf, affirmatives Verhalten, Handeln und Fühlen ihrer Helden nachzuzeichnen. Das Faszinierende und Erschreckende ihrer Filme erklärt sich daraus, dass sie Destruktivität menschlichen Fühlens, Handelns und Verhaltens ohne Umschweife über Bild, Musik und Sprache dem Publikum zumuten. Die spezifische Verwendung von Musik, die das im Bild Wiedergegebene scheinbar Lügen straft, schafft Verwirrung und mündet meist in die Inszenierung von Humor. Die Brüder versäumen nicht, die Ursachen für Destruktivität zu inszenieren, die häufig Verwahrlosung und Deprivation sind. Diese können viele Gesichter haben; Frustration über Armut, darüber, nicht die ersehnte finanzielle Absicherung erreicht zu haben oder in zwischenmenschlichen Beziehungen gescheitert zu sein. Ein wesentlicher Zug besteht darin, dass die Deprivierten, Frustrierten und Verwahrlosten sich als unfähig erweisen, gegen ihr Versagen anzukämpfen, dass sie vielmehr mit ihren kriminellen Handlungen direkt das Verderben heraufbeschwören. Sie sind sich ihrer Motive und Wünsche nicht bewusst. Der Protagonist Jerry Lundegaard im Film *Fargo* repräsentiert eine solche Figur, die nicht in der Lage ist, mit adäquaten Mitteln ihr Ziel zu erreichen, nämlich ähnlich erfolgreich und reich zu sein wie der Schwiegervater, Wade Gustafson. Mit der Hilfe zweier unfähiger Ganoven lässt er seine Frau entführen, um Lösegeld von seinem Schwiegervater zu erpressen. Der von der Eintönigkeit seines Lebens frustrierte Friseur Ed Crane in *The Man Who Wasn't There* begibt sich in die Hände eines Betrügers, der scheinbar mit chemischer Reinigung Geld verdienen will. Um mit ihm ins Geschäft zu kommen, stiehlt er Dave, dem Chef seiner Frau, 10.000 Dollar. In einer gewaltsamen Auseinandersetzung zwischen Crane und Dave ersticht Crane diesen „versehentlich" mit einem Zigarrenmesser. In vielen ihrer Filme erheitern die Brüder die Zuschauer mit schwarzem Humor und Empathie trotz der Darstellung abschreckender Wahrheiten über die Charaktereigenschaften ihrer Protagonisten. Die Empathie, mit der sie ihre Charaktere erschaffen, macht es dem Publikum möglich, sich emphatisch in sie einzufühlen. Georg Seeßlen (2000) verbindet dies mit „einem Gefühl der Zärtlichkeit. Ich denke [...], dass man Menschen hinter ihren eigenen Klischee-Geschichten, hinter der Gemeinheit und ihrer Verzweiflung, oder doch nicht hinter, sondern gerade in ihrer Maske gernhaben kann" (ebd., S. 229). Aber mit der schonungslosen Inszenierung im Alltag häufig abgewehrter, überwiegend mörderischer Seiten ihrer Charaktere erheitern die Brüder nicht nur, sondern machen zugleich Aussagen über den psychischen Zustand der Conditio humana. Der amerikanische Autor Doom (2009) weist darauf hin, dass die Brüder die Mehrzahl ihrer Charaktere als kinderlos zeichnen. Sie vermeiden – so der Autor – überwiegend sexuelle Szenen. Die sexuelle Szene im *Barton Fink* (1991) endet in einem Blutbad. Als Barton am Morgen, nach einer gemeinsam mit Audrey Taylor, der Partnerin des Drehbuchautors Mayhew, verbrachten Nacht erwacht, liegt sie tot neben ihm in einer Blutlache. In *Blood Simple* (1984) dient die Sexualität der Protagonistin Abby dazu, ihren Liebhaber Ray zu veranlassen, ihren Ehemann, Julian Marty, zu töten. Sexualität zwischen dem Dude und Maude, der Tochter des Big Lebowski, im Film *The Big Lebowski* (1998), dient ihr dazu, schwanger zu werden. Für Doom inszenieren die Coen-Brüder „Durchschnittsmenschen in einem unerforschten mörderischen Terrain" (ebd., S. XII; Übers. M. Z.). Es sei hinzugefügt, das die Brüder dieses Terrain fast immer mit schwarzem Humor inszenieren. Doom (2009) spricht von der Kreation von „unüblichen komplexen Charakteren, die nicht leicht kategorisiert oder stereotypisiert werden können" (ebd. S. 2; Übers. M. Z.). An anderer Stelle führt er aus, dass „die Charaktere, um es einfach zu sagen, unliebsam, unüblich und amoralisch [gestaltet] sind" (ebd. S. XIV; Übers. M. Z.).

SCHICKSALHAFTE LOSER

Neben der Kreation von „Bösewichter[n], die nach ihrem eigenen Verständnis von Ethik leben und Bösewichter[n], die nach ihren eigenen Regeln funktionieren“ (ebd., S. XIV; Übers. M.Z), gestalten die Brüder auch Figuren, die ich als schicksalhafte Loser bezeichne, die ihr Verderben nicht kriminellen Handlungen verdanken, denen es jedoch nicht gelingt, erfolgreich zu sein. Sie scheinen nicht in der Lage zu sein, aktiv und kreativ den Unbilden ihres Lebens, ihres Alltags, ihren prekären beruflichen und familiären Situationen zu begegnen. Dazu gehört der Mathematikprofessor Lary Gopnik in *A Serious Man*, der Ex-CIA-Analyst Osborne Cox in *Burn After Reading*, die entflohenen Gefangenen einer Chain Gang in *O Brother, Where Art Thou?*, insbesondere der Anführer der entflohenen Sträflinge, Ulysses Evert McGill, der Stückeschreiber *Barton Fink* im gleichnamigen Film, der von seinem New Yorker Agenten nach Hollywood geschickt wird, um dort ein Stück zu schreiben, das den „einfachen“ Mann zum Gegenstand haben soll. HI McDunnough in *Raising Arizona*, ein passionierter Kleinkrimineller, der auf Supermarktraub spezialisiert ist, kann sich gegen seine bestimmende Frau, eine ehemalige Polizistin, nicht durchsetzen und raubt auf ihren Wunsch hin ein Kleinkind. Auch Tom Reagan, der Protagonist in *Miller's Crossing* ist aufgrund seiner emotionalen Bindung an den irischen Gangsterboss Leo O'Bannon nicht in der Lage, sein Leben konstruktiv in die Hand zu nehmen. Und der Protagonist des bisher vorletzten Coen-Films *Inside Llewyn Davis* ist ein Gescheiteter. Er hatte den Selbstmord seines Schallplatten-Freundes nicht verkraftet. Scheinbar auf der Suche nach einem neuen Vertrag, singt er dem Musikmanager Bud Grossman in Chicago das Lied vom Tod der Königin Jane vor, die bei der Geburt ihres Kindes stirbt. Grossman meint, Llewyn eigne sich nicht als Solosänger und schlägt ihm vor, sich in ein zu schaffendes Trio einzugliedern. Llewyn schlägt aus, kehrt nach New York zurück und tritt weiter im Gaslight Cafe auf.

DIE GRADLINIGKEIT DER FRAUEN

Die Mehrzahl der Frauen verbindet ein Wirken im Verborgenen und eine, manchmal für die Wahrnehmung nicht unmittelbar zugängige Beeinflussung männlichen Handelns und Fühlens. Sie agieren nicht wie die typische

Femme fatale des Film noir, die mit sexuell verführerischem Einfluss auf die männlichen Protagonisten deren Unheil herbeiführt und dann selbst meist zu Tode kommt. Die Frauen in den Filmen der Coen-Brüder verfolgen eigene Ziele, die sich an manchen Stellen mit männlichem Agieren verknüpfen. Ihre Ziele verdanken sich häufig dem Wunsch nach Erfüllung einer Größenfantasie. In der bewussten und unbewussten Absicht, ihre Größenfantasien zu erfüllen, verfolgen sie – anders als die Männer – ihre Ziele gradlinig. Dies gilt für Linda Litzke im Film *Burn After Reading* (2008), deren Schönheitsoperation vom CIA bezahlt wird; vorher waren zwei Männer bei der Unterstützung Lindas zu Tode gekommen. Abby in *Blood Simple* (1984) erreicht, dass ihr Liebhaber Ray für sie den gewünschten Mord am ihrem Ehemann begeht. Penny in *O Brother, Where Art Thou?* (2000), ist nicht bereit, Ulysses wieder zu heiraten, wenn er nicht den verschwundenen Ehering von einst findet. Ed, die ehemalige Polizistin in *Raising Arizona* (1987), veranlasst ihren Mann HI, ein Kind zu stehlen. Diese Frauenfiguren stehen in engem emotionalen Austausch mit den männlichen Protagonisten. Von diesen Frauenfiguren unterscheiden sich Marge Gunderson in *Fargo* (1966) und Mattie Ross in *True Grit* 2010). Ihr Handeln ist nicht von Größenfantasien geleitet. Frauen, die sich nicht durch Gradlinigkeit im Verhalten auszeichnen, stehen häufig zwischen zwei Männern, die allerdings ihrerseits eine emotionale Beziehung verbindet. Eine solche Frau ist die Sekretärin des berühmten Drehbuchautors Mayhew in *Barton Fink* (1991), die das perverse Band zwischen Fink und Charlie Meadows repräsentiert. Eine andere Frau, die zwischen zwei emotional miteinander verbundenen Männern steht, ist Vera Bernbaum in *Miller's Crossing* 1990). Am Ende des Films, wenn Tom Reagan und Leo O'Bannon zusammentreffen, um sich voneinander zu verabschieden, entfernt sie sich und lässt die beiden Männer allein zurück.

3 Soziale und politische Situation in den USA

Die Ästhetik der Coen-Filme ist nur unvollständig erfasst, ohne das Werk der Brüder in die historische, soziale und politische Situation der USA einzuordnen. Dies ist umso notwendiger, da alle ihre Filme in den USA angesiedelt sind. Es soll gleichzeitig festgehalten werden, dass die Brüder in ihren Filmen keine Kritik am sozialen und politischen System der USA vornehmen. Ich lasse mich bei meiner psychoanalytischen Interpretation, in der Absicht die ästhetischen Facetten der Coen-Filme zu erarbeiten, davon leiten, die soziale und historische Realität des Landes, in dem die Filme entstanden sind, immer mit zu berücksichtigen. Es war Siegfried Bernfeld (1929), der für das Verständnis der Neurose eines Patienten zusätzlich den Begriff des „sozialen Ortes" (ebd. S. 198 ff.) eingeführt hat. Nun wäre es freilich unzutreffend, anzunehmen, dass ich das Werk der Coens mit einer Neurose vergleiche. Es geht mir vielmehr darum, psychoanalytische Interpretationsschritte nachzuzeichnen, die die historische und soziale Realität der USA nicht außer Acht lassen, ohne sie explizit zu benennen.

In der Absicht, einen historischen, sozialen und politischen Bezugsrahmen zu entwerfen, benutze ich als Referenz das 2. *Amendment* der amerikanischen Verfassung, das am 15. Dezember 1791 verabschiedet wurde. Es lautet: „A well regulated Militia, being necessary to the security of a free State, the right of the people to keep and bear Arms, shall not be infringed."[1] Nur allzu bekannt sind die immer wieder gestarteten Versuche amerikanischer Präsidenten, von Menschenrechtsorganisationen, Mitgliedern

1 www.archives.gov/exhibits/charters/bill_of_rights_transcript.html.

des US-Senats und der Medien, insbesondere des Nachrichtensenders CNN, nach brutalen bewaffneten Überfällen sich dafür einzusetzen, die Waffengesetze zu reformieren. Am Morgen des 12. Juni 2016 wurden in einem Nachtclub für Homosexuelle in Orlando 49 Menschen getötet und über 50 verletzt. Die Sicherheitsbehörden gehen davon aus, dass es sich bei diesem Überfall um einen der schlimmsten Massenmorde in den USA handelt. Zuvor waren um Weihnachten 2012 in der Kleinstadt Newtown im Staat Conneticut 27 Menschen getötet worden. Unter den Toten befanden sich 20 Kinder der Grundschule Sandy Hook. Aber die Rechtsprechung des Supreme Courts aus dem Jahr 2008, die sich dabei der These der „individuellen Rechte“[2], bedient, die da sagt, dass es sich bei „the people“ um einzelne Personen handele, gibt der Waffenlobby immer wieder Argumente, keine Kontrolle beim Besitz und der Verwendung von Waffen zuzulassen. Im Gegenteil, die National Rifle Association (NRA) bietet vielmehr Programme an, wie Kinder, Frauen und Lehrer den Umgang mit der Waffe erlernen können. Der Supreme Court räumt auch den Bürgern eines Bundesstaats das Recht auf Selbstverteidigung ein. Der These der „individuellen Rechte“ steht die „„These der Staatsrechte‘“ gegenüber „wobei formuliert wird, dass der Zweck dieser Bestimmung darin besteht, dass die staatliche Gewalt mit Hilfe von Miliz aufrechterhalten wird“ (Übers. M. Z.). Beide Auslegungen stützen sich auf historische Gegebenheiten, gehen sie doch auf das Jahr 1791 zurück, eine Zeit, die mit den heutigen USA wenig oder gar nichts gemein hat. Mit meinem Verweis auf das *2. Amendment* und insbesondere seine Auslegung, es handele sich beim Waffengebrauch um individuelle Verteidigung, möchte ich auf eine amerikanische Besonderheit verweisen, die sich von den europäischen Regulierungen unterscheidet. Allein schon die Liste der amerikanischen Präsidenten im Amt, die mit einer Waffe getötet wurden – der prominenteste unter ihnen war John F. Kennedy, im offenen Wagen erschossen am 22. November 1963 in Dallas – zeugt von dem unkontrollierten und scheinbar unkontrollierbaren Waffengebrauch. Vier Präsidenten wurden während ihrer Amtszeit ermordet, auf weitere 15 wurden Mordversuche unternommen. Der bekannteste Fall ist der versuchte Mord an Ronald Reagen im Jahr 1981. Dass er überlebte, verdankte sich dem Umstand, dass das Projektil aus dem Gewehr des Angreifers John Hinckley Jr. nur Bruchteile von Millimetern neben seinem Herzen eindrang

2 http://www.sscnet.ucla.edu/polisci/faculty/james/ann_cons/2nd_amen.pdf.

(Crimes of the Century: The Reagan Assassination Attempt; Sendung auf CNN vom 28. Juli 2013).

„Als ich meine erste Waffe kaufte, hätte ich wegen eines Schwerverbrechens oder wegen Mordes gesucht werden können, ohne dass sie (die Geschäfte, die Waffen verkaufen, M.Z.) es gewusst hätten." (Kevin Collins, Supervisor der Datenbank für flüchtende Verbrecher im Auftrag der Staatspolizei von Michigan; Übers. M. Z) Dieses Zitat erscheint auf der Titelseite von *USA TODAY* vom 24. April 2014 unter der Überschrift „Waffenüberprüfungen erfassen nicht die Millionen flüchtender Verbrecher". Die Veröffentlichung steht sicher in engem Zusammenhang mit dem 143. Versammlung der NRA *(National Rifle Association)* in Indianapolis vom 25. bis 27. April 2014. Die „„Nationale Gewehr-Vereinigung' wurde 1871 als Organisation für das Sportschießen und Training an Schusswaffen gegründet. Sie entwickelte sich bis 1977 zur Waffenlobby, die als eine der größten Interessengruppen zahlreiche politische Wahlen in den USA finanziell und propagandistisch beeinflusst"[3]. *USA TODAY* kritisiert in ihrem Artikel die Nachlässigkeit der Polizei jedes US-Bundesstaates bei der Registrierung von gesuchten, bereits verurteilten Mördern, Sexualverbrechern und Dieben in der Datenbank des FBI. Entweder werde automatisch völlig unterlassen, flüchtende Gewaltverbrecher zu registrieren, oder aber sie würden ausschließlich in der nationalen Datenbank festgehalten unter Außerachtlassung der FBI-Datenbank. Dies hat zur Folge, dass Verurteilte, die aus einem Staat fliehen, in einem anderen straffrei ausgehen können. Damit werde auch das Funktionieren des *National Instant Criminal Background Check System* unterlaufen, das mit der FBI Datenbank verknüpft ist und das den Kauf und Verkauf von Waffen regelt. Die *Background*-Checks, die vom FBI durchgeführt werden, verhindern den Kauf von Waffen für flüchtende Verbrecher, Gewaltverbrecher, psychisch Kranke und andere Personen, die in der Lage sind, Gewaltverbrechen mit der Waffe zu verüben.

1968 wurde das Gesetz zur Kontrolle von Waffen (*Gun Control Act*) vom Kongress beschlossen. Anlass für die Verabschiedung dieses Gesetzes war der Mord an John F. Kennedy im Jahr 1963 und die Morde an Martin Luther King am 4. April 1968 und Robert Kennedy während seines Präsidentschaftswahlkampfs am 5. Juni 1968. „Es verbot den Waffenverkauf auf Fernbestellung und über die Bundesstaatsgrenzen hinweg sowie den Import

3 http://de.wikipedia.org/wiki/National_Rifle_Association (Übers. M. Z.).

ausländischer ‚Nichtsportwaffen', hob das Mindestalter für den Kauf auf 21 Jahre an und ließ die Kaufberechtigung (Lizenz; M. Z.) per Fragebogen überprüfen."[4] Nun ist bekannt, dass gerade die Verbrecher auf der Flucht diejenigen sind, die vom Waffenmarkt gern Gebrauch machen und gekonnt die Lücken des Systems ausnutzen. Sie sind in vielen Fällen verantwortlich für nicht aufgeklärte Schwerverbrechen. Die Zeitung bringt das Beispiel des Staates Washington. Dort war jeder sechste Mörder bereits in einem anderen Staat von der Polizei wegen eines anderen Verbrechens gesucht worden. Auf der ersten Seite der Ausgabe vom 24. April 2014 informiert *USA TODAY* darüber, dass in fünf US-Bundesstaaten 2,5 Millionen Haftbefehle für geflohene Verbrecher nicht dem FBI gemeldet worden waren.

Michael Moores Dokumentarfilm *Bowling for Columbine* aus dem Jahr 2002 persifliert auf humorvolle und sarkastische Weise die gesetzlich vorgeschriebene Waffenkontrolle, die nur bedingt eingehalten wird. Er nennt die Tatsache, dass in einem Jahr 11.000 Menschen Opfer von Waffengewalt werden, die dunkle Seite amerikanischer Identität. Er fragt sich und das Publikum gleichermaßen, warum die Amerikaner nicht davor zurückschrecken, sich gegenseitig zu töten und darüber hinaus noch stolz sind, sich und ihre Familie mit der Waffe zu verteidigen, weil die Polizei und die Regierung dies angeblich nicht tun. Der Humor, mit dem er absurde Situationen, beispielsweise das Kaufen einer Waffe, inszeniert, wirkt erschreckend und bedrückend zugleich. In einer der Szenen zeigt er eine Bank, die zugleich Waffenhandel betreibt. Der Kunde kann mit der Eröffnung eines Kontos eine Waffe gratis erwerben. Ob die Bank für ihren Waffenhandel eine Lizenz besitzt, so wie das im *National Instant Criminal Background Check System* vorgesehen ist, spielt dabei eine untergeordnete Rolle. Das Ausfüllen eines „Kaufvertrags" entbehrt nicht der Komik. Auf die Frage, welcher Rasse er, Moore, angehöre, gibt er kaukasisch an. Er fragt die Bankangestellte, was mit mentaler Verfassung gemeint sei. Diese belehrt ihn, es gehe nur darum, dass eine Geisteskrankheit im Kontext mit einer Gewalttat gemeint sei; eine „normale" psychische Krankheit habe damit nichts zu tun. Moore teilt in seinen Eingangsworten zum Film dem Publikum mit, dass die Gewalttätigkeit der Amerikaner, die sich im exzessiven Waffengebrauch manifestiere, im Gegensatz zu deren bekannter Herzlichkeit und Offenheit stehe. Mit Columbine ist nicht nur die Schule gemeint,

4 http://de.wikipedia.org/wiki/Nationl_Rifle_Assosciation (Übers. M. Z.).

in der am 20. April 1999 zwei junge Männer Schüler und Lehrer erschossen, sondern die politische Situation in den USA, insbesondere nach der umstrittenen Wahl von Bush im Jahr 2000, den Moore *Commander in Thief* nennt. Er vertritt die Auffassung, dass insbesondere die Anschläge vom 11. September 2001 die Angst der Amerikaner vor neuen Terror-Anschlägen geschürt habe und dass diese Angst von Bush, Rumsfeld und Cheney benutzt worden war, um die verbrecherische kriegerische Auseinandersetzung mit dem Irak in Gang zu setzen (vgl. Moore in seiner Rede in Denver zwei Jahre nach dem Massaker von Columbine; in: *Bowling for Columbine*, DVD-Fassung).

In den letzten Szenensequenzen von *Bowling for Columbine* interviewt Michael Moore Charlton Heston, den damaligen Vorsitzenden der NRA. Das Gespräch führt drastisch vor Augen, wie Heston mit Verweis auf das 2. Amendment das Tragen der Waffen in seiner Funktion der Selbstverteidigung betont. Gebetsmühlenähnlich wiederholt er im Gespräch mit Moore, dass der Gebrauch von Waffen zur Selbstverteidigung im 2. Amendment der amerikanischen Verfassung festgelegt sei. Das, was die amerikanischen Vorfahren mit der Verabschiedung des 2. Amendments für gut gehalten hätten, gelte gleichermaßen für sein Verhalten und seine Auffassung heute. Heston beendet das Gespräch mit Moore abrupt.

Als ausschlaggebenden Grund für individuelle Gewaltakte mit der Waffe nennt Moore die Teilnahme an Kriegen, die immer im Dienst von Gerechtigkeit geführt würden. Aber Kriege verdürben die Moral der Menschen. Insbesondere das Beispiel von Timothy McVeigh, eines verdienten Teilnehmers am 1. Golfkrieg, der Operation „Desert Storm", der von George Bush im Jahr 1991 geführt wurde, zeigt, dass Tapferkeit im Krieg und die Ausführung von Terroranschlägen eng beieinanderliegen können. McVeigh verübte den ersten Terroranschlag in den USA am 19. April 1995. Beim Anschlag auf das Murrah Federal Building, der bekannt wurde als das „Oklahoma City Bombing", kamen 168 Menschen zu Tode, darunter Kinder, und es gab über 600 Verletzte[5]. In der amerikanischen Presse wurde während des Afghanistan- und Irakkrieges immer wieder über die hohe Selbstmordrate zurückkehrender US-Soldaten berichtet. Sehr schnell nach Beginn des Irakkrieges am 20. März 2003 erschienen in der *New York Times*, aber auch in regionalen Zeitungen, Meldungen über die im Krieg

5 https://en.wikipedia.org/wiki/oklahoma.

Gefallenen. Es war bedrückend, zu lesen, dass es sich bei den Toten überwiegend um junge Männer im Alter von 20 bis 25 Jahren handelte.

Der amerikanische Kampf um die Unabhängigkeit von England Ende des 18. Jahrhunderts liegt noch nicht lange zurück. Die amerikanische Verfassung stützt sich auf die Unabhängigkeitserklärung von 13 Staaten am 4. Juli 1776. Das heutige Amerika ist historisch gesehen ein junges Land. In Europa haben wir unsere sozialen, politischen und die Kämpfe um Unabhängigkeit in grauer Vorzeit, beispielsweise im 30-jährigen Krieg „erledigt". Der Kampf ums Überleben, die Besiedlung eines Kontinents von endloser Weite, dessen unfruchtbares Ackerland der Bearbeitung harrte, auf dem noch heute insbesondere in New Mexico, aber auch in Arizona zehntausende wilder Pferde leben, ist in der kollektiven Wahrnehmung amerikanischer Bürger durchaus präsent. Die grausame und gefährliche Konfrontation mit den Ureinwohnern, die Segregationsfrage, die das Land in einen brutalen Bürgerkrieg verwickelte, liegt etwas mehr als ein Jahrhundert zurück. Die Benachteiligung der Afroamerikaner und die Ausübung von Gewalt weißer Polizisten insbesondere schwarzen Jugendlichen gegenüber, bestimmt nach wie vor das soziale und politische Klima in den USA. Die Erschießung des unbewaffneten Teenagers Michael Brown im August des Jahres 2014 durch einen weißen Polizeibeamten zog heftige Proteste in Ferguson, einem Stadtteil von St. Louis, aber auch in New York, San Francisco und Los Angeles und in anderen Städten nach sich. Als die *Grand Jury* des Staates Missouri den Polizeibeamten Darren Wilson freisprach, kam es erneut zu heftigsten Protesten. Dass viele Zeugen, die den Polizeibeamten Wilson belastet hätten, überhaupt nicht gehört wurden, ließ starke Zweifel an einer Gerechtigkeit für die schwarze Bevölkerung in Ferguson und anderen Städten der USA aufkommen. Der Spiegel berichtet in seiner Onlineausgabe vom 11. Februar 2016, dass das US-Justizministerium unter seiner Ministerin Lynch die Stadt Ferguson verklagt wegen der Verzögerung der Verabschiedung eines Reformplans für den Einsatz der örtlichen Polizei. Noch immer gehe es um übertriebene Polizeigewalt gegenüber der schwarzen Bevölkerung. Der Sender CNN berichtete am 27. November 2014 von einem psychologischen Test, der aus zwei Fotografien bestand, die mehreren Personen vorgelegt wurden. Auf dem einen Foto waren zwei Weiße zu sehen, die miteinander kämpften, wobei einer von beiden unbewaffnet war, der andere jedoch ein Messer in der Hand hielt. Auf dem zweiten Foto war ein Weißer zu sehen, der ein Messer in der Hand hielt und ein unbewaffneter Schwarzer. Nach dem Betrachten der Fotos sollten die Probanden aus dem Gedächtnis sagen, welcher von den Männern bewaffnet war. Bei dem Foto, auf dem die beiden Weißen zu sehen waren, gaben die meisten Befragten eine korrekte Antwort. Bei dem zweiten Bild erklärte die überwiegende Mehrheit der Probanden, dass es der Schwarze sei.

Die Gewährung von Rechten, die in der US-Verfassung festgelegt sind, beschäftigt immer wieder die Gerichte. Obgleich beispielsweise die Todesstrafe durch das *8. Amendment* der Verfassung teilweise eingeschränkt ist, wird diese Strafe von 32 der insgesamt 50 US-amerikanischen Staaten angewendet. Zugleich haben die USA den Ruf des Landes der unbegrenzten Möglichkeiten. Diese Widersprüche haben ein sehr spezifisches Land geprägt, das von europäischen Augen bewundernd, aber auch kritisch zweifelnd angeschaut wird. Wie bereits erwähnt sind natürlich die Filme der Coens nicht unmittelbar Ausdruck dieser sozialen und politischen Gegebenheiten. Ich glaube aber, dass es erlaubt ist, diese Einflüsse auf die filmische Gestaltung der Brüder zumindest anzudenken. Wenn Doom (2009) „Einzigartige Charaktere der Gewalt" erwähnt (Unique Characters of Violence) – so der Titel seines 2009 erschienen Buches –, ist dem sicherlich zuzustimmen, es kann deshalb auch nicht außer Acht gelassen werden, dass diese Charaktere nicht denkbar sind ohne ihre Verankerung in sozial geduldeter Gewalt. Mit aller Vorsicht lässt sich die These formulieren, dass über die filmische Gestaltung in den Coen-Filmen die weiter oben erwähnten Widersprüche in der amerikanischen Gesellschaft in der Inszenierung des vergeblichen Kampfes und vorhersehbarer Niederlage der Protagonisten indirekt ihren Ausdruck finden.

4 Zur Ästhetik der Coen-Filme

Die Coen-Filme zeichnen sich nicht durch eine durchgängig einheitliche Ästhetik aus. Im Folgenden sollen jedoch Facetten Erwähnung finden, die in einer Reihe der Filme bestimmend sind und denen eine besondere Bedeutung für den Inhalt der Filme und die Wahrnehmung durch die Zuschauer zukommt. Ich beziehe mich dabei auf die meisterhafte Inszenierung von Überraschungen, die ich mit dem Konzept der Erwartungsverletzungen beschreibe, die spezifische Verwendung von Musik, in der Absicht, Humor zu erzeugen und Information zu übermitteln, die sich aus dem Gegensatz zwischen diegetischer und nichtdiegetischer Musik und dem Bild ergibt und der Gestaltung von typischen Landschaften innerhalb der jeweiligen Filme.

Erwartungsverletzungen – Inszenierung von Humor

Warren Poland (1990) spricht von der „Gabe, lachen zu können" (S. 198) und bringt diese Gabe in den Zusammenhang mit dem Humor. Nun gilt für die Coen-Brüder, dass sie über die Gabe verfügen, das Publikum lachen zu machen, auch wenn sie über die Unbilden, den Schmerz, die Frustration der Protagonisten berichten, die Selbstdestruktion und Vernichtung häufig selbst herbeiführen. Warren Poland fährt fort: „Dieser Humor, der häufig verbunden ist mit einer Wertschätzung der Ironie, verlangt nach einer eigenen Bescheidenheit, die basiert auf einer darunter sich verbergenden Stärke und gleichzeitigem Erkennen und Achtung für Andere." (ebd. S. 198; Übers. M. Z). An anderer Stelle spricht der Autor von der Akzeptanz der

Authentizität desjenigen, über den gelacht wird. Dies gilt in hohem Maß für die filmische Arbeit der Coens, nämlich, dass sie ihre *Loser* nie der Lächerlichkeit oder der Kritik aussetzen. Die Achtung für ihre Protagonisten, deren Scheitern, deren Ungeschick, etwas Positives aus ihrem Leben zu machen, zieht sich einem roten Faden gleich durch die ihre Filme. Für die filmische Arbeit der Brüder gilt in hohem Maß, dass sich ihr Humor durch Verzicht auf Eitelkeit und narzisstische Befriedigung auszeichnet.

Ich folge Frank Lachmann (2008) in seiner These, dass ein wesentlicher Aspekt von Humor die Erwartungsverletzung ist. Der Begriff der Erwartungsverletzung stammt aus der Säuglingsforschung und -beobachtung; so kann eine Mutter mit einer Geste oder einer Handlung die Erwartungen ihres Kindes erfüllen; sie kann diese zugleich aber auch verletzen. Ob ein Kind mit Erwartungsverletzungen positiv umgehen kann oder mit Weinen und Rückzug reagiert, geht auf die Interaktion zwischen Mutter und Kind zurück. Bedeutsam ist das Timing der Erwartungsverletzungen, der richtige Zeitpunkt, um mit kleinen Überraschungen, die die Mutter für das Kind bereithält, Lust und Freude in diesem zu erzeugen. Wird das Timing nicht eingehalten, kann sich das Kind zurückziehen, nicht mehr reagieren oder aber auch in Tränen ausbrechen. Lachmann betont, dass durch die Verletzung von Erwartungen starke Affekte ausgelöst werden, beispielsweise Wut, Hass, Verzweiflung, Traurigkeit aber auch Lust und Freude. Bereits am Ende des ersten Lebensjahres kommt es zur Ausbildung von Erwartungen, die verletzt werden können. Die Coen-Brüder verfügen über die Gabe, diese starken Affekte in den Zuschauern auszulösen. Die vielfältigen Überraschungen in den Filmen, die ich, wie bereits ausgeführt, als Erwartungsverletzungen bezeichne, können Hinweise geben, warum grausame und erschreckende Szenen beim Publikum Lachen auslösen. Lachmann spricht in diesem Zusammenhang von einer „provokative(n) Beziehung des Künstlers zu seinem Publikum, dessen Erwartungen er gezielt verletzt. Wenn lieb gewonnene Maßstäbe und Erwartungen missachtet werden, kann das Publikum entweder feindselig reagieren oder aber alle Bedenken in den Wind schlagen und den Überraschungseffekt genießen" (ebd., S. 199). Wesentlich bei den Überraschungen ist das Ausmaß der Abweichungen von individuell und kollektiv verankerten Werten, Verhaltensweisen und Normen. Diese können spielerischen Charakters sein, können aus „erregende[n], mitreißende[n] Überraschungen" (ebd., S. 175) bestehen oder aber angsterregende, schockierende und traumatisierende Angriffe (vgl. ebd., S. 175) darstellen. Mit der Inszenierung der vielfältigen Überraschungen gelingt es den Coen-Brüdern, das Publikum über das befremdliche, ungewöhnliche, ausgefallene, von gängigen Normen abweichende Agieren der Protagonisten oder über absurde Situationen, in die sie wider besseres Wissen geraten, zu schockieren und zum Lachen zu bringen. Erwartungsverletzungen stehen in vielen der Coen-Filme im Dienst der Generierung von Humor.

Im Kontext der Inszenierung unerwarteter, teilweise auch überwältigender Situationen schaffen die Erwartungsverletzungen auch *Suspense*. Insofern sind viele Coen-Filme auch Thriller. Die besten Beispiele stellen *Blood Simple* (1984), *Fargo* (1996) und *No Country For Old Men* (2000) dar. Für eine Rezeption der Filme der Brüder Coen scheint mir der Vorschlag von Lachmann bedeutsam, von einem „Spektrum" (ebd., S. 161) der Erwartungsverletzungen auszugehen. „Dem mittleren Bereich dieses Spektrums ordne ich Phänomene mit einer sowohl positiven als auch negativen Wertigkeit zu: Konventionen zu trotzen, Traditionen zu zerschlagen, Bräuche ins Lächerliche zu ziehen, Institutionen zu verspotten, Tabus und Regeln zu brechen, zu lügen oder Vertrauen zu missbrauchen. [...] Zum lustvollen Bereich zähle ich Entdeckungen oder die Demonstration einer außergewöhnlichen Begabung, seltener Fähigkeiten oder Talente, die auf andere extrem überraschend wirken" (ebd., S. 161). Die Filme der Coens überraschen wieder und wieder mit kreativer Vielfalt, mit bewundernswerter Fähigkeit, ihre Charaktere über Humor lebendig werden zu lassen, das absurde, von Hilflosigkeit geprägte und in manchen Fällen, das abstoßende, aber auch komische Verhalten der Protagonisten der Empathie der Zuschauer anheimzugeben. Ethan Coen erklärt, er und sein Bruder seien an der Inszenierung von unliebsamen Charakteren interessiert; dazu gehörten insbesondere die *Loser*. „Uns gefallen diese Charaktere, die man üblicherweise im Film nicht sieht. Wir haben kein Interesse an stämmigen Superhelden" (zit. n. Doom 2009, S. XIII; Übers. M. Z.). Der Protagonist HI McDunnough in *Raising Arizona* muss am Ende des Films einsehen, dass er den geraubten Säugling Nathan Arizona Jr. seinen Eltern zurückgeben muss. Sein Traum am Ende des Films, in dem er, alt und grau geworden, seinen Kindern und Enkelkindern gemeinsam mit seiner Frau Ed bei ihrem lustigen Treiben zusieht, enthüllt seinen Humor, womit er aber seine Trauer um den Verlust des Kindes nicht ungeschehen machen kann. Der Humor in diesem Film, aber auch in *O Brother, Where Art Thou*, dessen Protagonist getrieben wird vom Wiedersehen mit seiner Frau, unterscheidet sich vom

Humor in *Fargo* oder in *Burn After Reading*. In *Fargo* kann der Humor nicht darüber hinwegtäuschen, dass Jerry Lundegard seine Frau und seinen Schwiegervater zu Tode bringt und selbst im Gefängnis landet. Die komische Figur der Linda Litzke in *Burn After Reading* nimmt den Tod ihrer beiden Kollegen in Kauf, um einen Geldgeber für ihre Schönheitsoperation zu finden.

DIE ROLLE DER MUSIK

Sowohl Stephen Deutsch (2003) als auch Carter Burwell (2003) verweisen auf den Unterschied zwischen diegetischer und nichtdiegetischer Musik in Filmen. Deutsch führt dazu aus: „Es gibt zwei prinzipielle Arten von Musik für die sich bewegenden Bilder: *diegetische Musik* (kursiv im Original; M. Z.), die einen Teil der Handlung darstellt – die Filmcharaktere hören sie – und *nichtdiegetische Musik* (kursiv im Original; M. Z.), die sich im Hintergrund befindet, die Teil des Prozesses der Erstellung eines Films ist, ähnlich wie das Edieren, die Beleuchtung, die Bewegung der Kamera" (Deutsch 2003, S. 31; Übers. M. Z). Innerhalb der nichtdiegetischen Musik unterscheidet Deutsch die „ironische, in der die Musik und die Bilder uns verschiedene Geschichten erzählen" (ebd. S. 32). Wie später auszuführen sein wird, benutzen die Brüder sowohl diegetische als auch nichtdiegetische Musik in ihren Filmen, letztere überwiegend in ihrer ironischen Version, worüber sie Humor erzeugen.

Ich hatte bereits eine Reihe von Coen-Filmen gesehen, als mir in *True Grit* (2010) der besondere Stellenwert der Musik auffiel. Ich versuchte dann, der Inszenierung von Musik auf die Spur zu kommen. Vorher hatte ich mich bereits mit der Rolle der Musik bei Almodóvar auseinandergesetzt. Kathleen Vernon (2009, Fußnote 67) gibt in einer Fußnote ein Gespräch zwischen Almodóvar und dem brasilianischen Sänger Caetano Veloso wieder. Caetano hatte Almodóvar gegenüber geäußert: „Meine Identifikation besteht in meiner femininen Stimme. Ich singe wie meine Mutter. Ich habe von ihr das Singen gelernt, wenn ich singe – dann singe ich das Lied ‚Meine Mutter ist meine Stimme – ich fühle, dass sie bei mir ist'". Almodóvar: „Ich hatte eine zarte [dulce] Stimme wie deine. Eine geschlechtlich undefinierte (blanca) Stimme, wie die Salesianer sagten. Es ist wahr, ich schämte mich dafür und deshalb habe ich sie nie in einem Film untergebracht." (Übers. M. Z.). Die Bedeutung der Stimme gehört demnach einer frühen Phase in der menschlichen Entwicklung an. Zu den taktilen und visuellen Wahrnehmungen in der frühen nachgeburtlichen Phase kommen Vorläufer akustischer Wahrnehmungen hinzu, die im intrauterinen Zustand menschlicher Entwicklung anzusiedeln sind. Es sei nachgewiesen, so Johanna Bolterauer (2006), dass „die sinnliche Wahrnehmung von Geräuschen vom Beginn des Lebens an [...] eine wesentliche Rolle" (ebd., S. 1184) spiele. Der Säugling nehme bereits pränatal den Herzschlag, die Verdauung und die Stimme der Mutter war. In meiner psychoanalytischen Praxis berichtete mir eine Patientin, dass sie im Erwachsenenleben immer wieder einen Schlager höre, der dem ähnlich sei, den die Mutter nach ihren Aussagen während ihrer Schwangerschaft hörte. Bolterauer führt weiter aus: „Beruhigende, Sicherheit signalisierende Geräusche treten häufig im Erleben des mütterlichen Körpers im entspannten Zustand (insbesondere in der Stillsituation) (auf), wie z. B. die Wahrnehmung der mütterlichen Stimme, der Herzfrequenz, aber auch das eigene Schmatzen beim Säugling, der beruhigende Singsang der Mutter beim Einschlafen, die leisen [...] Geräusche der ersten Spielzeuge." (Ebd., S. 1184) Kathleen Vernon (2009) erwähnt ebenfalls die Rolle der frühen Wahrnehmung von Geräuschen für die spätere Identitätsbildung. Sie bezieht sich auf Didier Anzieu und Guy Rosolato, die betonen, dass die Geräusche, die in der Klanghülle (sonorous envelope) des Leibes der Mutter wahrgenommen werden, der Herausbildung der Selbstwerdung des Subjekts dienen. Für Rosolato stellt der beständige Kontakt mit der beruhigenden und nährenden Stimme der Mutter das erste „Modell für auditive Lust" dar und bildet die Basis für alle weiteren musikalischen Erfahrungen, die immer nostalgischen Charakters sind, weil eine Rückkehr zu der frühsten auditiven Lust nicht möglich ist (Rosolato in Vernon 2009, S. 52). Wenn der brasilianische Sänger Veloso in einem Interview mit Pedro Almodóvar sagt, dass seine Stimme seine Mutter sei, dann verleugnet er eben diesen nostalgischen Aspekt von musikalischer Erfahrung[6]. Der ungarische Analytiker Imre Hermann (1970) hat den entwicklungspsychologischen Charakter früher, häufig pränataler auditiver Erfahrung für die Herausbildung von „Ich-Kernen" betont. Er führt dazu aus: „Man kann nun weiterhin vermuten, dass beim akustisch veranlagten musikalischen Menschen ein spezifisches W [Wahrnehmungssystem] entwickelt

6 www.clubcultura.com, aber auch in Vernon, S. 59.

wird, das bei der Integration ins Ich hineinwächst und dort seine spezifische Arbeitsweise fortsetzt, ohne am ursprünglich tonalen Material fixiert zu bleiben.“ (Ebd., S. 837) Hermann vergleicht dann auch die Realitätsqualität der Tonwelt mit der der sichtbaren Welt. Er führt dazu aus: „Die Tonwelt verfügt offensichtlich über eine andere Realitätsqualität als die sichtbare und tastbare Welt. Der auf die Laute, auf die Musik gerichtete ‚Wirklichkeitssinn‘ (Ferenczi 1913) ist ein anderer, als der der äußeren Wirklichkeit angepasste, entwicklungsgeschichtlich geformte Realitätssinn des Menschen. Dürfte man nicht die Vermutung wagen, dass eine Verbindung zwischen dem Wirklichkeitssinn der Tonwelt und dem der Perversion besteht, insofern der ‚erotische Wirklichkeitssinn‘ der Perversion die Realität der Genitalsexualität ebenso wenig erreicht wie die Tonwelt den normal angepassten Wirklichkeitssinn?“ (Ebd., S. 828) Burwell (2003) hatte diesen Gedankengang vom Aspekt filmischer Gestaltung so beschrieben: „Diese Art ein musikalisches Thema diegetisch zu verwenden, schafft den Aspekt eines Märchens [...]. Dies meint, dass nicht intendiert ist, etwas über die Realität auszusagen; es ist ein Film.“ (Ebd., S. 199)

Hermann führt weiter aus: „Die Klangwelt bewegt sich in einer anderen Wirklichkeitsschicht als die von anderen Sinnesmodalitäten entwickelte. Sie verklingt, ist unfassbar und folgt eigenen Gesetzen. Das Spiel mit den Tönen schafft eine eigene magische Welt, [...] eine Welt, die keinen Anteil an der rationalen Welt und keine Anknüpfung zur Realität hat. *Sekundär* können sich natürlich der Musik reale Inhaltselemente anschließen.“ (Ebd., S. 837) Auf Thomas Mann bezugnehmend, merkt Hermann an: So repräsentiert [...] die Musik ein dämonisches Reich, das der Wirklichkeit am fernsten liegt und zugleich die passionierteste der Künste darstellt, abstrakt und mystisch.“ (Ebd., S. 837) Zusammenfassend lässt sich sagen, dass der Verwendung der Musik in den Coen-Filmen einerseits Information zukommt, mit der sie die von den Bildern gestaltete Information erweitert und modifiziert – ich hatte weiter vorn bereits darauf aufmerksam gemacht. Carter Burwell hält dafür, dass sich hinter den Bildern etwas verbirgt, das erst über die Verwendung der Musik der Wahrnehmung zugängig wird. In seiner Arbeit über „Composing for the Coen Brothers“ (2001) macht er auf diese Rolle der Musik am Beispiel seiner Komposition in *Miller's Crossing* (1990) aufmerksam. Verbunden mit der Gewalt und der Brutalität zwischen den Protagonisten O'Bannon und Tom Reagan weist die Musik, die den Beginn und das Ende des Films begleitet, auf die zum Scheitern verurteilte

Liebesbeziehung zwischen den beiden Männern hin. Als Vorgabe habe er das irische Volkslied Lament for Limerick verwendet. Der Widerspruch zwischen dem kitschigen irischen Song „Oh Danny" und der brutalen Gewalt, mit der O'Bannon, wild um sich schießend, versucht, einen Überfall durch die mit ihm rivalisierende Gangsterbande abzuwehren, erzeugt aufgrund von Erwartungsverletzungen Humor. Ein weiteres Beispiel, diesmal aus *O Brother, Where Art Thou?* bedient sich ebenfalls dieses Widerspruchs. Während die aus der Chain Gang entflohenen Sträflinge, die noch mit Ketten aneinandergebunden sind, hungrig ein gejagtes Huhn verspeisen, erklingt der Song vom „Big Rock Candy Mountain", der vom Schlaraffenland erzählt, wo die Hühner schon gekochte Eier legen und die Beine der Polizisten aus Holz sind. Die Kontrastierung von Bild und Musik, von Hören und Sehen in diesen Szenen, verletzt in vielen der Coen-Filme die Erwartungen des Publikums; sie lösen den sehr spezifischen Humor der Filme aus, der in manchen Filmen an Schwärze kaum zu übertreffen ist.

DIE ROLLE DER LANDSCHAFTEN

Die meisten Filme der Brüder sind nicht in den US-Metropolen angesiedelt, sondern in der Provinz, in Gegenden, in denen die Armen leben, diejenigen, die meist nur über das Verbrechen einen Ausweg aus ihrem trostlosen Dasein zu finden glauben. Die Häufigkeit, mit der die Coens konkrete Landschaften, meist zu Beginn eines Films gestalten, lässt die Vermutung zu, dass sie ihnen in der Inszenierung eine spezifische Bedeutung zuschreiben. Es geht deshalb auch nicht um die Ablichtung einer Landschaft, sei es in Texas oder in Arizona, sondern um eine filmisch hergestellte Landschaft. Es geht – so meine ich – darum das Ambiente eines gesamten Films über die Landschaftsbilder einzuholen. Dies schließt mit ein, dass über die spezifische Geografie auch Aussagen über die psychische Verfassung der Protagonisten möglich sind. Das eindrücklichste Beispiel einer zu diesem Zweck hergestellten Landschaft bildet sicherlich die filmische Konstruktion der ausgetrockneten Mississippi-Landschaft in *O Brother, Where Art Thou?* In einer sich an die Dreharbeiten anschließenden Bearbeitung der Filmbilder wurde aus der leuchtend grünen Sommerlandschaft an den Drehorten des Films eine braun-gelbe Landschaft, die Trockenheit, Unlebendigkeit und Hitze vermittelt, womit indirekt auch Aussagen über die psychische Konstitution der Protagonisten verbunden sind, die sich durch Hoffnungslosigkeit auszeichnet. Die kahlen Hügel von Texas und das endlos weite, unbewohnte Land in dunkel- und hellbraunen Tönen in *No Country for Old Men* und die Stimme des Sheriffs aus dem Off, der vom Mord eines jungen Mannes an einem vierzehnjährigen Mädchen spricht, der, nach Aussage des Mörders nicht etwa aus Leidenschaft geschah, sondern aus der Lust am Morden, das er wiederholen werde, wenn sich ihm eine Gelegenheit biete, bereiten die Interpretin bereits auf das In-Sich-Eingeschlossen-sein, die Einsamkeit des Serienmörders vor, der tötet, ohne dass dafür Motive erkennbar sind. Auch die von Schnee bedeckte Landschaft in *Fargo* (1996) verweist auf die emotionale Eiseskälte der Protagonisten Jerry Lundegaard und der von ihm gedungenen Ganoven Carl und Gaear. *Raising Arizona* spielt nicht etwa in der Großstadt Phoenix in Arizona, sondern vielmehr in Tampe. Der Wohnwagen der McDunnouhgs befindet sich in der Wüste Arizonas, in der nichts anderes als Sand und hochgewachsene, teilweise grotesk aussehende Kakteen zu sehen sind. Die Bilder übermitteln Sensationen von Trockenheit, Staubigkeit und Hitze. Der Wohnwagen in dieser kargen Landschaft fängt das trostlose Dasein der McDunnoughs ein, das auch durch die Anwesenheit des geraubten freundlichen Säuglings Nathan Junior nicht gemildert wird. So bleibt es fast gleichgültig, ob das Paar HI und Ed den Säugling den Eltern zurückgibt. HI und Ed tragen sich am Ende des Films mit Trennungsabsichten.

Obwohl der Film *The Big Lebowski* (1998) in Los Angeles angesiedelt ist, so ist doch den Eingangsszenen des Films eine dürre Steppenlandschaft zu sehen, über die ein Tumbleweed rollt bis zum Rand des Meeres. Ich mache in meiner Interpretation des Filmes darauf aufmerksam, dass der Tumbleweed, psychologisch formuliert, das von äußeren Umständen angetriebene Verhalten des Protagonisten, des Dude, repräsentiert, der sich ähnlich ziellos durchs Leben bewegt. Die Landschaftsbilder in *True Grit* (2010) sind durch winterliche Dürre gekennzeichnet und sprechen, so meine Interpretation, von der dem Bewusstsein nicht zugänglichen Liebesbeziehung der beiden scheinbar ungleichen Protagonisten. Die Ungleichheit bezieht sich aber nur auf die äußere Erscheinung, auf die junge Mattie und den älteren US Marshall Cogburn. Beide verbindet jedoch „grit“ (Mut).

5 Coen-Filme als psychoanalytische Krankengeschichten?

Meinen Ausführungen in der Einleitung zu diesem Buch folgend, wage ich, mit aller Vorsicht, ohne sie in Psychologie aufzulösen, von einer Nähe zwischen psychoanalytischer Krankengeschichte und den Filmen der Brüder zu sprechen. Es mag gewagt erscheinen, einen Film, der ein physisches Gebilde ist, mit einer Krankengeschichte zu vergleichen, die im Bereich des Psychischen angesiedelt ist. Und doch gilt, dass Krankengeschichten, wie Film, von wachen Menschen gestaltet werden, dass sie logischen, klaren Konstruktionen folgen. Eine weitere Übereinstimmung besteht darin, dass der narrative Film – und bei den Filmen der Coens handelt es sich darum – eine Geschichte erzählt; dies gilt meinem Verständnis nach gleichermaßen auch für Krankengeschichten. Psychoanalytische Krankengeschichten erschöpfen sich nicht in der Beschreibung und Aufdeckung von Symptomen, sie stellen vielmehr die Lebensgeschichte des Patienten dar, so wie diese sich in der Interaktion zwischen Analytiker/Analytikerin und Patient/Patientin im Rahmen der Behandlung herausschält. Es wäre nun freilich falsch zu glauben, dass den Patienten am Ende der Behandlung ihre Lebensgeschichte lückenlos zur Verfügung stünde. In meinem Buch *Krankengeschichte als Lebensgeschichte* (1996) mache ich darauf aufmerksam, „dass rekonstruierte Lebensgeschichte nicht als eine Ganzheit erfahren wird, dass sie sich vielmehr punktuell um psychoanalytisch erschlossene Konflikte zentriert, die ihrerseits wieder über weitere Rekonstruktionen in der Analyse miteinander in Verbindung gebracht werden“ (S. 18). In diesem Kontext zitiere ich auch Lorenzer, der „die Aufarbeitung der eigenen Lebensgeschichte [...] nicht in Erkenntnissen greifbar, sondern in Fragen zugängig [macht]“

(Lorenzer 1974, S. 198). Auf die Interpretation von Coen-Filmen bezogen, bedeutet dies, dass sich Lebensgeschichte über die Aufeinanderfolge von Bildern und Tönen (Musik) in einem Prozessgeschehen entwickelt, das nicht endgültige Antworten bereitstellt, sondern vielmehr Fragen aufwirft.

Freud vertrat die Auffassung, dass die Rekonstruktion von Lebensgeschichte in die Erinnerung des Patienten münden müsse. In „Konstruktionen in der Analyse" (1937) geht er von der optimistischen Annahme aus, dass „alles Wesentliche [...] erhalten [sei], selbst, das, was vollkommen vergessen scheint, ist noch irgendwo vorhanden, nur verschüttet, der Verfügung des Individuums unzugänglich gemacht. Man darf ja bekanntlich bezweifeln, ob irgendeine psychische Bildung wirklich voller Zerstörung anheimfällt. Es ist nur eine Frage der analytischen Technik, ob es gelingen wird, das Verborgene vollständig zum Vorschein zu bringen" (ebd. S. 46). Ein wenig später schränkt Freud diese Aussage dahingehend ein, dass es darum gehe, den Patienten von der Wahrheit der Konstruktion, die der Analytiker vornimmt zu überzeugen, ohne dass er, der Patient, sich seiner verschütteten lebensgeschichtlichen Versatzstücke erinnere. Freuds These, dass „alles Wesentliche" erhalten bliebe, konnte die Behandlung schwer traumatisierter Patienten nicht bestätigen. Auch in den Filmen der Coen Brüder gibt es keine Antwort auf das „Wesentliche". Dies herauszufinden, bleibt dem Publikum anheimgestellt. Für die Protagonisten der Coen-Filme gilt, dass sie sich des „Wesentlichen" nicht bewusst sind. Ihr häufiger – vom Film so gestalteter – traumatischer Lebensentwurf verhindert, dass sie die Motive erkennen, die sie in das Verderben führen.

Die Betonung auf der Erschließung der Lebensgeschichte des Patienten über den wechselseitigen Austausch zwischen Analytiker und Patient wird in der Film-Analyse auf die Begegnung zwischen der Ästhetik des Films und der Interpretin übertragen. Die durchlässige Inszenierung der Coen-Figuren in ihrer filmischen Vielgestaltigkeit ermöglicht es, unbewusste Facetten ihrer Persönlichkeiten zu benennen. Meine Ausführungen könnten nahelegen, dass ich den Film mit einem Patienten verwechsele. Ich verwende bei meiner Rezeption von Filmen der Coen-Brüder meine unmittelbaren Gefühlsreaktionen und mache darüber den Film zu meinem Partner.

6 Rezeption von Film zwischen passivem Genießen und aktivem Gestalten

FILM VERSCHLINGEN UND VERSCHLUNGEN WERDEN

Für meine Filmanalysen ist die von Lewin (1946; 1950; 1953) vorgeschlagene Erweiterung der Oralität als Teil einer frühen (oralen) Objektbeziehung und seine Annahme von der „Trias oraler Wünsche“ (Lewin 1950) hilfreich. Zusätzlich zu dem von Karl Abraham (1924) beschriebenen Prozess des Schluckens und Beißens und der damit verbundenen lustvoll erlebten Einverleibung als oralem Modus hat Lewin „das lustvoll und zugleich ängstigend erlebte Verschlungen- und Aufgefressen werden, das Sich-Fallenlassen, Sich-Hingeben, Sich-Aufgeben und den Schlaf“ (Lewin 1946, S. 424) als orale Befriedigungsmodalitäten beschrieben, die Teil einer oralen Objektbeziehung darstellen. Lewin führt in diesem Kontext auch die psychischen Eigentümlichkeiten des Schlafs aus. Er geht davon aus, dass die Nahrungsaufnahme des Säuglings, der nach der Sättigung an der Mutterbrust in einen traumlosen, spannungsfreien Schlaf fällt mit Sensationen von Verschlungen- und Aufgefressen werden gleich zu setzten sind. In dieser frühen Entwicklungsphase ist nicht von einer Unterscheidung von spannungslosem Schlaf und dem Verschlungen- und Aufgefressen werden auszugehen. Früher bedürfnisloser Säuglingsschlaf, Nahrungsaufnahme und Aufgefressen werden sind demnach identisch. Die Annahme von einer oralen Objektbeziehung beruht auf der Rekonstruktion der Behandlungen Erwachsener, in denen die Regression integraler Bestandteil ist. Filmsehen löst nach meiner Vorstellung im Publikum regressive Prozesse aus, den weiter oben Befriedigungsmodalitäten ähnlich. Unter dieser Vorannahme gehe ich von der These aus, dass Film nicht nur gesehen, sondern auch verschlungen wird, er aber auch verschlingt, die Zuschauer sich ihm hingeben, sich in seine Bilder fallen lassen, ihn als körpernah, als Erweiterung der eigenen Körperlichkeit empfinden.

Nun hat Lewin (1968) weitere Überlegungen zu den von ihm sogenannten leeren Träumen („blank dreams") vorgelegt, die m. E. für die Filmanalyse mit Gewinn nutzbar gemacht werden können. Genetisch verankert er das Vorkommen bildloser oder leerer Träume in einer Zeit, die vor der Herausbildung des Körper-Ichs liegt. „Bevor das Baby seine Körpergrenzen kennt, oder präziser formuliert, bevor es ein Bild von ihnen hat, haben seine Träume möglicherweise bildlose Qualität, ‚reines Gefühl' [pure feeling]." (Ebd., S. 54; Übers. M. Z.) Spitz (1956) präzisiert, dass von dieser vorbildlichen Phase etwa bis zum dritten Lebensmonat ausgegangen werden kann. Er bestätigt die bereits von Lewin (1953) geäußerte Annahme, dass die Gedächtnisspuren aus dieser frühen Zeit nicht aus Bildern, sondern aus Affekten sowie taktilen und thermischen Empfindungen bestehen.

Für die Rezeption der Coen-Filme möchte ich die Auslösung von unterschiedlichen Affektzuständen hervorheben, die psychoanalytisch formuliert den leeren Träumen zuzuordnen sind. Insbesondere durch die Annahme von Erwartungsverletzungen können ängstliche Überraschungen, überwältigende Gefühle von begeisterter Zustimmung oder Ablehnung, aber auch Irritation ausgelöst werden, deren verbale Formulierung nicht möglich ist. Multiple körperliche Reaktionen der Zuschauer, sexuelle Erregung, Angst und Panikzustände können als Reaktivierung bildloser Träume im Publikum verstanden werden.

Aufgrund der Dunkelheit des Kinosaales, der erzwungenen Unbeweglichkeit der Zuschauer, die sich in ihren Sitzen vergraben und der Eigenart des Filmtextes kommt es, so Metz (1975, S. 1021) zu einer „verminderten Wachsamkeit", mit der der Film rezipiert wird und die sich aus der Nähe des Wachzustandes mit dem Schlaf ergibt. Lewin zitiert Kubie, der den von Metz vorgetragenen Zusammenhang zwischen herabgesetztem Wachzustand und Schlaf beschreibt und indirekt bestätigt. Kubie hatte das Verhältnis von Wachzustand und Schlafzustand so formuliert: „Wir sind nie ganz wach, und ebenso wenig schlafen wir völlig. Beim Schlafen oder Wachsein geht es um relative, nicht um absolute Verhältnisse. Während wir wach sind, schlafen wir auch zu einem gewissen Anteil, der wiederum wach sein kann, wenn wir schlafen; dazwischen finden sich alle Abstufungen von Aktivität und Inaktivität." (Zit. n. Lewin 1950, S. 81) Was Kubie hier beschreibt, kann als waches Dösen bezeichnet werden, welches die Rezeption von Film begleitet.

DIE URHÖHLE

In meinem Buch *Das Höhlenhaus der Träume. Filme, Kino & Psychoanalyse* (Zeul 2007) habe ich, zusätzlich zu dem Ansatz Lewins von der Regression auf eine orale Objektbeziehung, weitere Bausteine zur Erstellung von Filmrezeption aus psychoanalytischer Sicht vorgelegt. Ich beziehe mich dabei auf die Annahme von der „Urhöhle", wie René Spitz (1956) die Mundhöhle bezeichnet. Im Gegensatz zu Lewin, der seine Ergebnisse zur Postulierung einer primären oralen Objektbeziehung rekonstruktiv aus der Behandlung erwachsener Patienten erschlossen hat, geht Spitz von der Säuglingsbeobachtung aus und entwickelt progressiv Schritte der frühen Entwicklung. Spitz bestätigt viele der Funde Lewins. Er unterscheidet sich aber prinzipiell von ihm im Hinblick auf die Annahme von der Entstehung visueller Wahrnehmung. Während Lewin die mütterliche Brust als erstes Wahrnehmungsobjekt bezeichnet, geht Spitz davon aus, dass erste visuelle Wahrnehmung nicht die Brust zum Gegenstand hat, sondern vielmehr das Gesicht der Mutter. Spitz führt aus: „Die besondere anatomische Lokalisierung und physiologische Funktion der Mundhöhle macht es möglich, ein Außen von Innen zu unterscheiden." (Ebd., S. 649) Spitz spricht von der Urhöhle, weil es beim Stillerlebnis zu einer Summe von Erleben kommt, wie Gleichgewichtsempfindung, intraabdominales und intraorales Erleben. Ausgehend von der Überlegung zur Konzeptualisierung des Wahrnehmens von Film als ein primär körperliches Wahrnehmen habe ich die These formuliert, dass Film nicht nur gesehen, sondern auch verschlungen wird, er aber auch verschlingt, sich die Zuschauer ihm hingeben, sich in seine Bilder fallen lassen, ihn als körpernah, als Erweiterung der eigenen Körperlichkeit empfinden – ich habe weiter vorn bereits darauf aufmerksam gemacht. Spitz hatte im Kontext körperlichen Wahrnehmens ausgeführt, „dass dieses frühe intraorale Erleben ja darin besteht, dass das Kind die Brust in sich hineinnimmt, während es zugleich in Arme und Brust der Mutter eingehüllt ist. Der Erwachsene betrachtet dies als getrennte Erlebnisse. Aber für das Kind sind sie nur eines, sind singulär und untrennbar." (Ebd.,

S. 667) Die Mundhöhle als Urhöhle ist, so Spitz, ein Ort, der für die Spezies Mensch Geltung hat, in der die primitivste Wahrnehmung, die taktiler Natur ist, stattfindet. Ab dem Ende des zweiten Lebensmonats vermischt sich im Stillvorgang die Tastwahrnehmung, der dabei eine zentrale Funktion zukommt, mit der visuellen Wahrnehmung, wenn der Säugling beim Trinken an der Brust oder aus der Flasche in das Gesicht der Mutter blickt. Spitz spricht, um diese Vermischung von taktiler und visueller zu Wahrnehmung zu kennzeichnen vom „Überfließen" (ebd., S. 648) einer Sinneswahrnehmung in eine andere, wird mit dieser Annahme doch die körperliche Reaktion, die natürlich im Laufe der menschlichen Entwicklung von der psychischen nicht zu trennen ist, betont. Der weiter oben beschriebene Zustand des Verschluckens von Film, der zugleich gesehen wird, lässt sich gut mit dem „Überfließen" von einer Sinneswahrnehmung in eine andere beschreiben, in dem das Gesicht der Mutter und der eigene Schlund, die Urhöhle, gleichzeitig libidinös besetzt sind. Spitz geht davon aus, dass der Mundhöhle eine Brückenfunktion zukommt. „Was mir [...] bedeutsam erscheint, ist, dass das Innere des Mundes, die Mundhöhle, Bedingungen erfüllt, die sie für die Wahrnehmung sowohl innerer als auch äußerer Reize geeignet machen. Sie ist zugleich ein Intero- und ein Exterorezeptor. Hier beginnt vermutlich alle Wahrnehmung und die Mundhöhle erhält damit die Funktion einer Brücke vom primären ‚Empfangen' der aus dem Körperinnern stammenden Reize zum äußeren Wahrnehmen." (Ebd., S. 646 f.) Es sei hinzugefügt, dass dieses äußere Wahrnehmen ebenfalls zunächst ein körperliches ist; wird doch das Gesicht der Mutter im Stillakt wahrgenommen. Eine bedeutende Brückenfunktion kommt dem inneren Wahrnehmen von Durst als einem „der ersten Unlusterlebnisse des Säuglings" (ebd. S. 647) und den äußeren Wahrnehmungen beim Stillen des Durstes zu. Spitz spricht von der Milch als dem „ersten postnatalen Durststiller" (ebd., S. 647). Eben diese Brückenfunktion macht die Mundhöhle, oder wie Spitz sagt, die Urhöhle, zu einer hilfreichen Metapher für die Erstellung einer psychoanalytischen Rezeption von Film. Handelt es sich dabei zu allererst um einen Austausch, zwischen zwei Körpern, dem des Films und dem des Zuschauers. Die körperliche Bereitschaft zu dem sich Fallenlassen einerseits, aber auch sich vom Film auffressen zu lassen und diesen seinerseits nicht nur anzusehen, sondern ihn auch zu verschlingen, lässt sich sehr schön mit dem beschreiben, was Spitz über die vermischten Wahrnehmungen in der Urhöhle meint. Die Urhöhle kann auch treffend die Kinohöhle bezeichnen. Spitz hatte gesagt, die Urhöhle sei eine seltsame Welt, „undeutlich, unbestimmt, zugleich lustvoll und unlustvoll, überbrückt sie den Abgrund zwischen Innen und Außen, zwischen Passivität und Aktivität" (ebd., S. 665). Die Zuschauer rezipieren passiv die Filmnahrung, zugleich blicken sie neugierig in das Gesicht der Mutter, die erleuchtete Filmleinwand. Mit der Annahme, dass das Innere des Mundes eine Reihe körperliche Reize empfange, wobei zunächst der taktilen Wahrnehmung ein Sonderstatus eingeräumt wird, lässt sich sehr gut die ästhetische Rezeption von Film als ein Ineinander von innerer körperlicher Wahrnehmung und äußerer körperlicher Filmwahrnehmung beschreiben. Mit dem Verschlingen und dem Verschlungenwerden ist dann auch der körperliche Vorgang bei der Filmrezeption gut eingeholt. Ich habe auf die Körperlichkeit der Coen-Filme weiter vorn verwiesen, als ich auf die Inszenierung der Geografie in vielen Filmen aufmerksam gemacht habe. Dasselbe gilt für das Spiel mit den Überraschungen und die Verwendung von Musik. Bei der Rezeption von Film kommt es dann zur Vermischung von Körperlichkeit und psychischer Verarbeitung. In jedem Fall stellt die Ästhetik der Coen-Filme durch die Inszenierung von Geografie, von Überraschungen und dem spezifischen Einsatz der Musik ein Grenzgebiet dar, in dem die physische Aufnahme von einer psychischen Verarbeitung nicht zu trennen ist.

AKTIVES GESTALTEN

Neben dem Ansatz zur Rezeption von Film als des Genießens von herbeigesehnter oraler Lust, den ich als passive Rezeption von Film bezeichne, will ich im Folgenden auf Daniel Sterns (1979; 1991) aktiven Säugling aufmerksam machen. Bei der Entfaltung meiner Überlegungen zur Filmrezeption aus der Sicht der Säuglingsbeobachtung Sterns ist insbesondere das aktive Gestalten des Säuglings seiner Beziehung zur Mutter oder zu einer anderen Pflegeperson hervorzuheben. Bereits zwischen dem dritten und dem sechsten Lebensmonat spielt das Blickverhalten des Säuglings eine wesentliche Rolle bei der Kontaktaufnahme oder der Kontaktvermeidung mit der Mutter. (vgl. Stern 1985). Spitz hatte, wie bereits erwähnt, die Entwicklung der visuellen Sinneswahrnehmung im zweiten bis dritten Lebensmonat verortet, in der es allerdings zum „Überfließen" von einer Wahrnehmung in die andere, der taktilen und der visuellen kommt, die er in der Urhöhle ansiedelt. Stern spricht in diesem Zusammenhang von vermischten Sinneswahrnehmungen. Er hatte auf die besondere Bedeutung der frühen Herausbildung von visueller Wahrnehmung verwiesen und diese in Zusammenhang damit gebracht, dass das Kind noch nicht über lokomotorische Fertigkeiten verfügt. Es kann noch nicht laufen und kann die Hand-Auge-Koordination noch nicht ausführen. Stern nennt den drei- bis sechsmonatigen Säugling einen „erstaunlich tüchtigen Interaktionspartner" (ebd., S. 39). Ebenso wie Spitz geht Stern von einem ganzheitlichen Wahrnehmungsverhalten des Säuglings aus, das er in der Interaktion zwischen Mutter und Säugling ansiedelt; er spricht von der „Welt der vermischten Sinneswahrnehmungen – der vermischten Gefühle" (Stern 1985, S. 74 f.). Die Vermischung von Sehen (visueller Wahrnehmung) und Essen (taktiler Wahrnehmung) ist Teil der ganzheitlichen Welt des Säuglings. In seinem *Tagebuch eines Babys* (1991) schildert Stern eindringlich die Erfahrungen des kleinen Joey, der im Alter von sechs Wochen auf dem Boden seines Kinderzimmers einen Sonnenstrahl wahrnimmt. Im Alter von knapp zwei Jahren sieht er den Sonnenstrahl in seinem Zimmer wieder. Er beugt sich zu ihm hinunter und küsst ihn. Seine Mutter gibt ihm jedoch zu verstehen, dass der Sonnenstrahl nur ein Licht sei, welches man sehen, das man aber nicht küssen könne. Joey wendet sich enttäuscht von der Mutter ab. Ähnlich wie Joey lassen sich die Zuschauer in die Filmbilder fallen, lassen sich von ihnen verschlingen und tauchen in eine ganzheitliche Welt ein, die der Film mit seiner Beleuchtung, seiner Montage, der Aufeinanderfolge von bestimmten Szenensequenzen und der Musik ermöglicht. Sie verschlingen ihn aber auch ihrerseits, so wie der kleine Joey den Sonnenstrahl küsst. Gefühle von Irritation, von Desorientierung und Ernüchterung überfallen die Zuschauer häufig beim Verlassen des Kinosaales, der Rückkehr in die Realität und dem Verlassen der Urhöhle, in der visuelle und taktile Wahrnehmungen vorherrschen, oder, um mit Stern zu sprechen, in der eine vorsprachliche Welt der vermischten Sinneswahrnehmungen die Zuschauer gefangen hält.

7 Psychoanalytische Situation und Filmsituation: Ähnlichkeit und Verschiedenheit

Aus meiner langjährigen psychoanalytischen Arbeit mit Patienten ist mir die psychoanalytische Methode mit dem Ziel der Erschließung des unbewussten Erlebens der Patienten vertraut. Übertragung des Patienten, meine Gegenübertragung, die Bearbeitung von Widerständen des Patienten und eigener unbewusster Widerstände, die sich dem Erschließen unbewusster Konflikte in den Weg stellen, gehören in die therapeutische psychoanalytische Praxis. Im Film habe ich freilich nie einen Patienten gesehen. Es stellt sich mir deshalb die Frage, mit wem ich es bei der Begegnung mit dem Medium zu tun habe. Anders als der Patient, der auf Interpretationen antwortet, sie annimmt oder sie verwirft, worüber sich ein dichter Behandlungsprozess entwickelt, bleibt der Film stumm. Die psychoanalytische Methode hat ihren Platz innerhalb einer genau definierten psychoanalytischen Behandlungssituation. Zwischen der psychoanalytischen Situation und der Filmsituation existieren eine Reihe von Ähnlichkeiten, zugleich aber auch gravierende Unterschiede. Mit Filmsituation meine ich die Anwesenheit der Zuschauerin und des Zuschauers im Kinosaal, die der Vorführung eines Films beiwohnen, und die psychischen und physischen Reaktionen, die sich in ihnen einstellen. Die erzwungene Immobilität und die Dunkelheit des Zuschauerraums lösen regressiv orale Erlebnisqualitäten aus. Für beide Situationen, die der psychoanalytischen Behandlung und die der Filmrezeption, trifft zu, dass die Einschränkung der Motilität und die Ausschaltung äußerer Störfaktoren einerseits auf der Couch, andererseits im dunklen Kinosessel, regressionsfördernde Wirkung haben. Eine wesentliche Gemeinsamkeit zwischen beiden besteht deshalb in der Generierung regressiver Prozesse, sowohl in den Zuschauern und in den Patienten als auch in der Analytikerin bzw. im Analytiker. Für die psychoanalytische Situation gilt jedoch, dass die Regression Teil der analytischen Strategie darstellt: So dient die räumliche Anordnung in den psychoanalytischen Sitzungen, in denen die Analysanden auf der Couch liegen und den hinter ihnen sitzenden Analytiker nicht sehen, der Provokation regressiver Prozesse – während die durch den Film ausgelöste Regression hingegen eine zufällige und passagere ist. Benutzt die analytische Behandlung den Einsatz der Regression im Dienst der Aufdeckung unbewusster Motive der Patienten, so können die regressiven Prozesse, die das Medium auszulösen in der Lage ist, bei den Zuschauern zu unmittelbarer Triebbefriedigung, Frustration oder auch zu physischen Reaktionen wie beispielsweise Schweißausbrüchen, Kältegefühlen oder haltlosem Weinen führen.

Der bedeutsamste Unterschied zwischen Film- und Behandlungssituation liegt sicherlich in der Anwesenheit des konkreten Wahrnehmungsgegenstandes Film, der Vorgaben im Hinblick auf Befriedigungs- und Frustrationserlebnisse macht, während in der analytischen Situation dieses Angebot fehlt. Der französische Filmtheoretiker Christian Metz (1975) hat sich aus semiologischer Sicht mit dem Einfluss der Filmdiegese auf das Publikum beschäftigt. Im Gegensatz zur Annahme des Autors, dass die Festigkeit und die Strukturiertheit des Filmmaterials eine Regression bis zur halluzinatorischen Wunscherfüllung verhindert, vertrete ich die Auffassung, dass trotz der Festigkeit des vorgegebenen Materials aufgrund der psychischen Verfassung des Publikums halluzinatorische Wunscherfüllung ausgelöst werden kann. Mit dieser Annahme folge ich den Ausführungen des französischen Filmtheoretikers Jean-Louis Baudry (1975), der auf die Simulation der Regression durch den Kino-Apparat verweist. Damit schlägt er einen Bogen zwischen der subjektiven Befindlichkeit der Zuschauer und dem Kino-Apparat. Ausgehend von der Metapher der Platonischen Höhle, die er psychoanalytisch wendet, vergleicht er die Unbeweglichkeit der gefesselten Gefangenen in Platons Höhle mit der „erzwungene(n) Unbeweglichkeit des Neugeborenen […] sowie (der) ebenfalls erzwungene(n) Unbeweglichkeit des Schlafenden, der bekanntlich den nachgeburtlichen Zustand oder gar das intrauterine Leben wiederholt" (ebd., S. 1053). Diese psychische Verfasstheit, in der es zur halluzinatorischen Wunscherfüllung kommt, kennzeichnet – so Baudry – das Erleben der Besucher des dunklen Kinosaales, die sich in ihre Sessel vergraben. Der Autor geht weiter davon aus, dass die psychische Reaktion des Publikums eine gewisse Traumähnlichkeit besitze: „Die durch den Schlaf vollzogenen Umwandlungen im psychischen Apparat: Rückzug der Besetzungen, Labilität der verschiedenen Systeme, Rückkehr zum Narzissmus, Rückzug der Motilität (Unmöglichkeit, die Realitätsprüfung anzuwenden), tragen zur Erzeugung der spezifischen Traumeigenschaften bei [...]: Zuordnung von Realität an die Vorstellungen. Man könnte sogar hinzufügen, dass es sich um ein *Mehr-als-Reales* – etwas Realeres als real – handelt, um es von dem Realitätsgefühl zu unterscheiden, das die Realität in der Normalsituation des Wachzustandes vermittelt" (ebd., S. 1064). Nun vergleicht Baudry – wie zuvor schon J. Pratt (1943) – freilich den Film nicht mit einem Traum; es ist vielmehr der Kino-Apparat, der einen Realitätseindruck zu vermitteln vermag, der dem des Traumes ähnlich ist, und es sei hinzugefügt, dem des Schlafes ähnelt. Der Vergleich des Kinos mit dem Traum kennzeichnet einen, vom filmischen Apparat hergestellten regressiven Zustand im Zuschauer, der sich durch die Verwechslung zwischen Wahrnehmung und Vorstellung auszeichnet.

Die Zuschauer saugen sich an bestimmten Stellen des Films fest – dasselbe tut die Interpretin – und geraten dabei in einen regressiven Strudel. In der psychoanalytischen Situation vermitteln das Wort und die physische und psychische Anwesenheit der Analytikerin/des Analytikers den Patienten Einsichten in ihre regressiven Wunschfantasien. Der Vergleich von Filmsituation und analytischer Situation legt ein Paradoxon frei. Trotz der Anwesenheit einer materiellen Vorgabe, die nach Ansicht von Metz tiefe Regressionen vermeidet, vertrete ich die Auffassung, dass anders als die psychoanalytische Situation, die immer mit Einsicht und Deutungen arbeitet, Einsichten beim Filmsehen zwar selbstverständlich auch gegeben sind, dass aber die Konfrontation mit bestimmtem Filmmaterial die Verarbeitungskapazitäten des Publikums überschreiten kann. Überschwängliche Begeisterung und bedingungslose Ablehnung eines Films können Produkte dieser nicht durch Worte kontrollierten Filmsituation sein. Metz (1975) hatte die emotionale Überforderung durch das Bildmaterial so formuliert: „Es gibt außerhalb des filmischen Zustands nur wenige Situationen, in denen ein Subjekt besonders dichte und durchorganisierte äußere Eindrücke eben in dem Augenblick empfängt, da seine Unbeweglichkeit [im Kinosessel; M. Z.] es innerlich dafür disponiert, ‚sie über-zu-empfangen'" (ebd., S. 1021) und die Wahrnehmungen mit Vorstellungen zu vermischen.

Unbewusster und bewusster Leidensdruck veranlassen die Patienten, um psychoanalytische Behandlung nachzusuchen. Die Zuschauer begeben sich ins Kino, um zu genießen. Das Ziel der psychoanalytischen Behandlung besteht in der gemeinsamen Erarbeitung von Einsichten, die auf ihren „Wahrheitsgehalt" überprüft werden. Über Interpretationen und Rekonstruktionen macht die Analytikerin den Patienten ihre verschüttete Lebensgeschichte teilweise wieder zugängig und verfügbar. Ihre Interpretation führt zu einer „Tiefenerkenntnis" der Patienten. Über die Rezeption von Film können der Zuschauer und die Zuschauerin zu Teilhaber und Teilhaberin an menschlichen Leidenschaften werden. Dem Aspekt der Heilung kommt – wenn überhaupt – eher Zufälligkeit zu. Der Film versetzt die Zuschauer in eine Ausnahmesituation, die trotz einer hohen Aufmerksamkeitsanspannung der Situation vor dem Einschlafen ähnelt. Ähnliches trifft für den Patienten oder die Patientin, aber auch für die Analytikerin bzw. den Analytiker zu; freie Assoziation und gleichschwebende Aufmerksamkeit weisen viele Aspekte des wachen Dösens auf. Während in der psychoanalytischen Behandlung die Interpretationen ihre Bestätigung oder Verwerfung durch die Patienten erhalten, bleibt bei der Filmanalyse diese Rückmeldung aus. Wie bereits erwähnt, tritt bei der Filminterpretation die Filmästhetik an die Stelle des Patienten. Methodisch handelt es sich um ein beständiges Abtasten der kinematografischen Gestaltungsprinzipien und ihre Übersetzung in psychische Zusammenhänge.

DIE VERWENDUNG VON ÜBERTRAGUNG

Die Beziehung, die ich mit einem Film eingehe, steht zur Analyse an und nicht die Applikation von psychoanalytischen Theorieversatzstücken auf das Medium, auf seine formale Gestaltung. Erst in einem nächsten Schritt – und dies gilt auch für die psychoanalytische Praxis – lässt sich unter der Berücksichtigung des Beziehungscharakters zwischen dem Film und seiner Interpretin psychoanalytische Theorie formulieren. Es ist hier eine weitere Ähnlichkeit zwischen dem therapeutisch psychoanalytischen Vorgehen und der Rezeption von Film festzuhalten. In der Vergangenheit hatte Siegfried Bernfeld (1969) von der Bedeutung des „sozialen Ortes" gesprochen. Damit meinte er, dass das soziale Umfeld, aus dem ein Patient oder eine Patientin kommt, Teil haben müsse an den psychoanalytischen Interpretationen des Analytikers. Auch ein Film kann nicht nur mit Hilfe von genuin psychoanalytischen Interpretationen erschlossen werden, sondern es gilt das soziale Umfeld, in dem ein Film entstanden ist, mit zu berücksichtigen. Ich hatte bereits in meinen einleitenden Vorüberlegungen darauf verwiesen, dass bei einer Interpretation der Coen-Filme die politische und soziale Situation in den USA zu bedenken ist.

Der Film ist im Gegensatz zu dem Partner oder der Partnerin der Analytikerin in der psychoanalytischen Behandlung nicht zum Mitspielen in einer gemeinsamen Aufführung bereit, so wie sich dieses im Spiel von Übertragung und Gegenübertragung konstelliert. Auch die Tatsache, dass sich aus der Begegnung zwischen der Interpretin und dem Film nicht ein sich ständig änderndes Prozessgeschehen entwickelt, woraus sich immer neue Beziehungskonstellationen herstellen, so wie uns dies aus der psychoanalytischen Behandlung vertraut ist, macht die Verwendung der Dynamik von Übertragung und Gegenübertragung im Dienst des Erschließens unbewusster Botschaften aus einem Film unbrauchbar. Der Film überträgt nicht, ihm ist das Unbewusste äußerlich, deshalb kann bei den Reaktionen der Interpretin nicht von Gegenübertragung gesprochen werden. Auf die Filmanalyse bezogen, können aktuelle Erfahrungen mit dem Film in den Interpreten Reaktionen produzieren, die sich mit ihrem unbewussten infantilen Erleben und Fühlen verbinden. Die stringente Arbeit mit der Übertragung lässt natürlich, je nach dem Zugang der Interpretin oder des Interpreten eine Vielzahl von „neuen" Filmen entstehen. Der subjektive Zugang beim Verständnis des unbewussten Fühlens und Erlebens der Patienten verdankt sich in der psychoanalytischen Behandlung der Arbeit mit Übertragung und Gegenübertragung. Die Entschlüsselung des unbewussten Gehaltes eines Films beruht auf dem Einsatz „konstruktivistischer" Übertragung in der von Kernberg (2004) vorgetragenen Form.

Ich wiederhole, dass im Gegensatz zur analytischen Beziehung zwischen Analytiker und Patient, die sich durch ein beständiges Prozessgeschehen auszeichnet, in der sich regressive mit progressiven Schritte abwechseln, in denen die Interpretationen des Analytikers ihre Bestätigung oder ihre Verwerfung durch den Patienten erhalten, dieser Austausch zwischen dem Film und dem Interpreten nicht besteht, da der Film stumm ist. Er wird erst lebendig durch die Übertragung der Zuschauer oder der Interpreten. Der Film überträgt nicht. Pontalis (1984) hatte in seinem Vorwort zum Sartre-Drehbuch über Freud angemerkt: „Das Bild nimmt das Unbewusste nicht an" (ebd., S. 28), ihm komme nur dann eine unbewusste Bedeutung zu, wenn die Zuschauer ihr unbewusstes Erleben darauf übertragen. Er fährt fort: „Das Unbewusste lässt sich ebenso wenig sehen wie das Sein der Philosophen." (Ebd. S. 28) Bewegen wir uns in der psychoanalytischen Aufklärungsarbeit innerhalb von psychischem Geschehen, so trifft dies nicht auf die Filminterpretation zu. Die herkömmliche psychoanalytische Methode erfährt deshalb eine Modifikation im Hinblick auf den veränderten Erkenntnisgegenstand. Da der Film nicht überträgt, lässt sich auch bei den Reaktionen der Interpretin nicht von Gegenübertragung sprechen.

Die Verhältnisse bei der Filmanalyse sind demnach im Vergleich mit der psychoanalytischen Behandlung auf den Kopf gestellt. Dort überträgt der Patient, bei der Rezeption von Film überträgt die Interpretin. Es stellt sich demnach die Aufgabe, sich eingehend mit den Übertragungsprozessen der Interpretin zu beschäftigen. Dabei ist zu beachten, dass es die Übertragung mit einem hoch durchorganisierten diegetischen Film (vgl. Metz 1975) zu tun hat. Ich selbst (vgl. Zeul 1997) war in der Vergangenheit in den Fehler verfallen, bei meinen unbewussten Reaktionen auf das Medium von Gegenübertragung zu sprechen. Heute vertrete ich die Auffassung, dass sich nur die Alternative zwischen der Verfolgung von Identifizierungen mit dem Film oder die Verwendung von Übertragungen stellt. Ich optiere für letztere Vorgehensweise insbesondere deshalb, weil über den Prozess der Übertragung auch eine Veränderung des Films, nämlich die der Herstellung einer unbewussten Geschichte aus dem Plot möglich wird, während der Mechanismus der Identifizierung nur Veränderungen in der Interpretin festhält.

Übertragung ist kein Mechanismus, der nur in der psychoanalytischen Behandlung zu beobachten ist, er ist vielmehr ubiquitär. Die psychoanalytische Methode macht ihn sich aber zunutze, um fremdpsychisches Erleben im Hier und Jetzt der Behandlung zu verstehen und seine Verankerung in der Biografie der Patienten vorzunehmen. Freud war der Auffassung, dass Übertragungen eine Wiederholung vergangener früher Wünsche und Ängste der Patienten darstellten, die sich in der analytischen Beziehung als Widerstand gegen das Erinnern manifestierten. Nach heutiger Auffassung steht die Dynamik der Beziehung zwischen der Analytikerin bzw. dem Analytiker und dem Patienten bzw. der Patientin im Zentrum psychoanalytischer Arbeit. Aus dieser Sicht ist in der Übertragung nicht nur eine Wiederholung der Vergangenheit zu sehen. In ihr drücken sich auch Ansätze für neue Erfahrungen aus, in denen die Antworten der Patienten auf Angebote, die ihnen die Analytikerin macht, enthalten sind. Kernberg (2004) hält die beiden Verständnisansätze von Übertragung, den klassischen und den konstruktivistischen, gegeneinander. „Der zeitgenössische Fokus auf die psychoanalytische Beziehung als einer Interaktion zwischen Übertragung und Gegenübertragung hat sich von der klassischen ‚objektivistischen' Definition der Übertragung als einer unbewussten Wiederholung pathogener Konflikte im Hier und Jetzt hinweg und auf eine ‚konstruktivistische' Betrachtung der Übertragung hinbewegt, die gespeist wird aus der Reaktivierung unbewusster Konflikte aus der Vergangenheit und der realistischen Reaktion des Patienten auf die Persönlichkeit, die Interventionen und die Gegenübertragung des Analytikers." (Ebd., S. 246 f.; Übers. M. Z.) Auf die Filmanalyse bezogen, bedeutet dies, dass einerseits beim Sehen eines Films unbewusste Fantasien, Ängste und Objektbeziehungen in der Interpretin mobilisiert werden, die allerdings schon immer überlagert und geprägt sind durch die aktuelle Begegnung mit dem Film und die Wahrnehmungen der von ihm ausgelösten Gefühle.

IMPLIZITES BEZIEHUNGSWISSEN

Bei der Rekonstruktion von psychischem Erleben der Patienten in der psychoanalytischen Behandlung ergänzen sich die Übertragungsanalyse und die Analyse von prozeduralem Beziehungsgeschehen. Bei der Interpretation des Films benutze ich, wie bereits ausgeführt, einerseits meine Übertragung auf das Medium, andererseits aber gehe ich auch davon aus, dass sich eine „gemeinsame implizite Beziehung" zwischen mir und dem Film herstellt. Die frühe Interaktion zwischen Säugling und Mutter, das Überfließen von einer Sinneswahrnehmung auf die andere, wie dies Spitz (1956) vom Schlucken und Sehen als Urhöhlensensationen ausführt, spielen sich in der Vorsprachlichkeit menschlicher Entwicklung ab. In dieser frühen Phase siedeln Stern und die Boston Study Group die, aus der Behandlung Erwachsener, retrospektiv erschlossene implizite oder auch die prozedurale Beziehungskonstellation an. Sie führen dazu aus: „In dynamischen Psychotherapien werden zumindest zwei Wissenskategorien, zwei Arten der Repräsentation und zwei Arten des Gedächtnisses konstruiert und reorganisiert. Es handelt sich zum einen um das explizite (deklarative) Wissen und andererseits um das implizite (prozedurale) Wissen.“ (Stern et al. 1998, S. 976 f.) Die Autoren resümieren: „Zusammenfassend wollen wir festhalten, dass das deklarative Wissen durch verbale Deutungen erlangt oder erworben wird, die das intrapsychische Verständnis des innerhalb des Kontextes der ‚psychoanalytischen‘ – und gewöhnlich durch die Übertragung determinierten Beziehung verändern. *Implizites Beziehungswissen* hingegen entwickelt sich durch interaktionale, intersubjektive Prozesse, die das Beziehungsfeld innerhalb des Kontextes dessen verändern, was wir als ‚gemeinsame implizite Beziehung‘ bezeichnen.“ (Ebd., S. 977) Implizites Wissen verweist bei der Filmrezeption zunächst die Inhalte des Mediums in den Hintergrund der Wahrnehmung; im Vordergrund befindet sich das Beziehungsgeschehen zwischen dem Film und der Interpretin. Es gilt dann dieses Geschehen zu interpretieren. In dieser Analyse sind selbstverständlich Inhalte des Films vorhanden. Sie werden jedoch überwiegend durch das Beziehungsgeschehen vermittelt, dem Verständnis zugeführt. Die bereits erwähnte Boston Study Group hat für die therapeutische Nutzbarmachung des in der therapeutischen Behandlung ständig ablaufenden impliziten Prozessgeschehens den Begriff der „Momente der Begegnung“ (moments of meeting) eingeführt. In ihnen bündeln sich „Facetten im Jetzt-Erleben des Patienten und der Analytikerin, ausgelöst durch ihre emotionale Begegnung“ (Zeul 2004, S. 590). Wie bereits ausgeführt, entwickelt sich auch zwischen dem Film und der Interpretin eine implizite Beziehung. Auf die Filmanalyse übertragen, ist davon auszugehen, dass die Aufmerksamkeit der Interpretin ausgerichtet ist, Momente der Begegnung wahrzunehmen und sie zu analysieren.

Meine Ausführungen haben bereits verdeutlicht, dass Momente der Begegnung nicht identisch sind mit Gegenübertragungsreaktionen und Übertragungen, sie können diese jedoch vorbereiten. In der psychoanalytischen Behandlung kommt es auf die Feinfühligkeit des Analytikers oder der Analytikerin an, Momente der Begegnung formulieren zu können, in denen sich das Beziehungsgeschehen zwischen Patient und Analytiker bündelt. Stern et al. (1998) beschreiben neben den Momenten der Begegnung die sogenannten „plötzlichen Momente“, die der Formulierung des Beziehungsgeschehens im Hier und Jetzt in der psychoanalytischen Behandlung vorausgehen. Innerhalb dieser Momente unterscheiden sie zwischen „einer ersten (‚pregnancy phase‘), die begleitet ist von dem Gefühl, dass sich etwas Neues ankündigt, einer zweiten (‚weird phase‘), in der sich ein bisher nicht bekannter intersubjektiver Raum zu öffnen beginnt, sowie der Entscheidungsphase, in der der ‚plötzliche Moment' von der Analytikerin zu einem ‚Moment der Begegnung' gestaltet wird" (Zeul 2004, S. 604). Besonders hervorzuheben, ist die organisatorische Funktion der Momente der Begegnung. Dazu gehört das von den Autoren sogenannte „Moving along", das den Prozess des Vorangehens in der psychoanalytischen Behandlung bezeichnet. Dieses Vorangehen haben die Autoren in der Mutter-Kind-Dyade beobachtet, wobei es häufig implizit zur Einigung über wechselseitige Gefühle kommt, allerdings auf einer präverbalen Ebene. In der psychoanalytischen Behandlung werden natürlich diese emotionalen Übereinstimmungen und Einigungen verbal verhandelt. Sie markieren bedeutsame Augenblicke im Hier und Jetzt. Anders als Übertragung und Gegenübertragung können Momente der Begegnung eine spontane Lesart von Film ermöglichen, an denen der Film und die Rezipienten beteiligt sind. Insofern gilt die organisatorische Funktion, die die Momente der Begegnung für das therapeutische Vorgehen haben, gleichermaßen für die Rezeption von Film.

Für Lachmann hat die Empathie ihren Platz im impliziten Wissen. Er zitiert den Drehbuchautor Robert McKee und führt aus: „Die Zuschauer müssen eine menschliche Eigenschaft des Protagonisten entdecken können, die sie als ‚wie ich' wahrnehmen. Irgendetwas an seinem Charakter muss eine entsprechende Saite in uns zum Klingen bringen. Dieses Moment des Wiedererkennens ist wichtig, damit sich das Publikum mit dem Protagonisten und seinen Zielen identifizieren kann; ohne ein solches Wiedererkennen kann sich zwischen den Zuschauern und der ‚Story' keine Verbindung herstellen." (Zit. n. Lachmann, S. 101) Ähnlich wie Lachmann vertritt McKee die Auffassung, dass es über Empathie zu einer Erweiterung unbewussten Erlebens und kognitiver Erfahrung des Einzelnen kommt.

So lernt das Publikum beispielsweise den spezifischen Umgang der Coen-Brüder mit dem Humor kennen, es lehnt ihn ab oder aber es lernt ihn zu schätzen. Bedeutsam insbesondere im Hinblick auf die Wahrnehmung der Coen'schen Figuren ist der Umstand, dass trotz des Wiedererkennens eigener Charakterzüge in den Protagonisten es nicht zwangsläufig dazu kommen muss, dass man sie mag. Empathie ermöglicht, in teilweise verdrängten, aber durchaus „bekannten" mörderischen, aber auch komischen Wünschen und Fantasien der Protagonisten, die dahinterliegende Trauer, Verzweiflung und Tragik zu erkennen. Über diesen Vorgang wird es außerdem möglich – ich habe bereits darauf aufmerksam gemacht –, eigene

Gefühlszustände in diesem Prozess der wechselseitigen Empathie wahrzunehmen. Sowohl die Verwendung von Übertragung auf Film, als auch die Analyse des Mediums mit implizitem Wissen, führen dazu, dass jede Filminterpretation einen eigenen subjektiven Stempel trägt.

8 Psychoanalytische Theorie

Zum Verhältnis von Todes- und Lebenstrieb

Neben meiner psychoanalytischen Interpretationsarbeit, bei der ich die psychoanalytische Methode in ihrer dem Film angepassten Version beim Benennen ästhetischer Facetten von Film und ihrer Rezeption verwende, greife ich auch auf psychoanalytische Begrifflichkeit zurück. Ich beziehe mich dabei insbesondere auf die Theorien des französischen Analytikers André Green (1993), der vom Gegenüber von Lebens- und Todestrieb ausgeht, dem Lebenstrieb eine „Objektalisierungsfunktion" (ebd. S. 873) und dem Todestrieb eine „Desobjektalisierungsfunktion" zuschreibt. Im Zusammenhang mit seiner Arbeit über die Manifestation des Todestriebs stellt er heraus, dass nicht die Fremdzerstörung, sondern vielmehr die Selbstzerstörung zentral seien für das Wirken des Todestriebs. Nun verweist Green freilich auch darauf, dass der Todestrieb nicht ohne den Lebenstrieb denkbar ist: „Wir vertreten die Hypothese, dass die Lebenstriebe vorrangig danach streben, eine *Objektalisierungsfunktion*" zu erfüllen (ebd., S. 873). Green fährt fort: „Der Todestrieb strebt nach der möglichst weitgehenden Erfüllung *einer Desobjektalisierungfunktion* durch Entbindung. Die eigentliche Manifestierung des Todestriebs aber ist der *Abzug der Besetzung*." (Ebd., S. 874) Die Desobjektalisierungsfunktion führt nach Green auch zur Herausbildung eines negativen Narzissmus, der gekennzeichnet ist durch völliges Erlöschen der Beziehungen mit den Objekten und seinen Ausdruck in pathologischen Größenfantasien findet, die mit einem Verlust an Realitätsprüfung einhergehen. In meiner Interpretation der Coen-Filme habe ich bei der Analyse von *The Man Who Wasn't There* (2001) und von *Burn After Reading* (2008) auf die Green'sche Theorie zurückgegriffen.

INTROJEKTION UND EINVERLEIBUNG

Der Protagonist Llewyn Davis im Film *Inside Llewyn Davis* (2013) leidet an einem schmerzlich erlebten, misslungen Trauerprozess. Ich bin in meiner Analyse seinen Identifikationsprozessen nachgegangen. Eine Inkorporationsfantasie verhinderte, um den toten Freund zu trauern. Insbesondere die künstlerische Tätigkeit von Llewyn Davis wurde durch eine Inkorporationsfantasie mit dem Toten behindert. Über eine „endokryptische Identifikation" (vgl. Abraham u. Torok 1972) verwandelte sich der Protagonist in einen lebendigen Toten und nahm Züge des toten Freundes an. Es waren vor allem Maria Torok (1968) und Nicolas Abraham und Maria Torok (1972), die in verschiedenen Publikationen die Introjektion als eines im Ich-Wachstum angesiedelten Prozesses von der Inkorporation als einer Fantasie abgegrenzt haben, die über die Einverleibung des geliebten Objekts dessen Verlust ungeschehen machen will. Der Verlust des verlorenen Liebesobjekts, der nicht in Worte zu fassen ist, die Tränen, die nicht geweint werden konnten, das Trauma des Verlusts werden – so Maria Torok – „verschluckt und konserviert. Die unsagbare Trauer errichtet im Inneren des Subjekts eine geheime Gruft. In der Krypta ruht das aus Erinnerungen an die Wörter, die Bilder, die Affekte wiederhergestellte objektale Korrelat des Verlusts als vollständige, lebendige Person." (Ebd., S. 551)

9 Filmanalysen

Beim Auflisten der insgesamt zwölf Film-Interpretationen folge ich der beschriebenen Ästhetik der Coen-Filme. Ich habe dabei einerseits unterschieden zwischen Erwartungsverletzungen und der Inszenierung von Humor und andererseits auf die spezielle Rolle aufmerksam gemacht, die die Brüder der Musik in ihren Filmen zuschreiben, die in einer Konfrontation zwischen dem Bild und der Musik besteht.

Gegensatz zwischen Musik und Bild

Miller's Crossing (1990)
True Grit (2010)
Inside Llewyn Davis (2013)
O Brother Where Art Thou? (2000)
The Big Lebowski (1998)

Erwartungsverletzungen

Blood Simple (1984)
Fargo (1996)
The Man Who Wasn't There (2001)
Barton Fink (1991)
Burn After Reading (2008)
No Country For Old Men (2007)

Slapsticks

Den Film *Raising Arizona* (1987) hatte ich zwar teilweise auch unter Erwartungsverletzungen eingeordnet; er gehört aber überwiegend in die Kategorie des Slapsticks.

ZWISCHEN LIEBE UND VERNICHTUNG: MILLER'S CROSSING (1990)

Hintergrund

In der Literatur (vgl. Seßlen u. Körte 2000; Conrad 2009;-Doom 2009) zum Film *Miller's Crossing* wird auf den Einfluss des Romans von Dashiell Hammett *The Glass Key* (Der gläserne Schlüssel) aus dem Jahr 1931 verwiesen. Tom Regan hat seinen Vorläufer in Ned Beaumont und Leo O'Bannon in Paul Madvig. Beide Männer verbindet, wie auch Tom und Leo, eine Männerfreundschaft. Zwischen beiden steht eine Frau, Janet, die Tochter des kriminellen Senators, der seinen Sohn ermordet hat. Anders jedoch als in *Miller's Crossing* kommt der Frau eine bedeutende Rolle zu, wenn sie am Ende des Romans mit Ned ein Paar bildet. Verna, die Frau, die zwischen Tom und Leo steht, ist die Geliebte beider Männer; sie spielt aber ihre Macht, anders als die Protagonistinnen in den Filmen noir, nicht aus, indem sie Eifersucht zwischen Tom und Leo entfacht. Sie verkörpert keineswegs die Frau, die sich – wie wir sie aus dem amerikanischen Film noir kennen, – über ihre körperliche Attraktivität definiert und die Männer sexuell manipuliert. Ihr droht nicht der Tod wie den Femmes fatales der Noir-Filme. Ihre Funktion in *Milller's Crossing* besteht vielmehr darin, ein Bindeglied zwischen Tom und Leo zu bilden. Mit ihrem Agieren lenkt sie von der dichten emotionalen Bindung zwischen den beiden Männern ab.

Inhalt

Miller's Crossing entfaltet den Kampf um die Macht zweier rivalisierender Gangs. Die zentrale Figur im Film ist Tom Reagan (Gabriel Byrne). Er ist Trinker, Spieler und hat Dauerschulden. Er ist klüger als die Bosse und ihre Helfershelfer, die die Stadt mit ihren Gangs beherrschen. Und er ist scheinbar hoffnungslos in Verna Bernbaum (Marcia Gay Harden) verliebt. Sein Verhalten gibt während der gesamten Länge des Films Rätsel auf. Tom ist Freund und Berater des irisch-amerikanischen Gangsterbosses Leo O'Bannon (Albert Finney), der in den dreißiger Jahren während der Prohibition eine nicht näher bezeichnete amerikanische Stadt beherrscht. Als Leos Rivale Johnny Caspar (Jon Polito) ankündigt, der wolle den Buchmacher Bernie Bernbaum (John Turturro) töten lassen, weil dieser sich in seine Wettgeschäfte eingemischt habe, weigert sich Leo, ihn dabei zu unterstützen, indem er Johnny erklärt, dass Bernie unter seinem Schutz stehe und dafür zahle. Leo schützt Bernie insbesondere deshalb, weil er mit dessen Schwester Verna liiert ist; auch Tom verbindet eine geheime Liebesbeziehung mit Verna. Leo folgt Toms Einwänden nicht, der vor einer Zurückweisung Caspars warnt. Tom beklagt sich, dass Leo in der letzten Zeit ihn und seine Ratschläge nicht ernst nähme. Später will Tom Leo davon überzeugen, dass Verna mit ihm spielt, um ihren Bruder zu decken, und teilt ihm mit, dass sie ihm untreu sei; sie unterhielte auch eine Beziehung mit ihm, Tom. Leo verstößt Tom und Verna. Tom wendet sich der Gang von Johnny Caspar zu. Als Beweis von Toms Loyalität verlangt Johnny von ihm, er möge Bernie im Wald von Miller's Crossing töten. Tom tötet Bernie nicht, verlangt aber von ihm, die Stadt zu verlassen. Eddie Dane (J. E. Freeman), Johnnys Vertrauensmann, findet heraus, dass Tom Bernie nicht getötet hat, und führt ihn zurück zu Miller's Crossing, in der Absicht, Toms Falschspiel zu enthüllen. Auf dem Weg dorthin bricht Tom fast zusammen. Unter einem Baum liegt Mink Larouie (Steve Buscemi), ein Freund von Dane. Bernie, der die Stadt nicht verlassen hatte, hat Mink getötet. Inzwischen hatte Caspar die Kontrolle über die Stadt gewonnen und die Polizei dazu veranlasst, Leos Club zu zerstören. Vorher hatte er bereits einen Überfall auf Leo organisiert, der in seinem Bett liegend, entspannt Musik hörte.

Später gelingt es Tom, Caspar davon zu überzeugen, dass Eddie Dane ihn betrogen hat, woraufhin Caspar Dane erschießt. Tom arrangiert dann ein Treffen mit Bernie, er schickt jedoch an seiner Stelle Caspar, den Bernie erschießt. Später tötet Tom Bernie. Er arrangiert die Leichen von Caspar und Bernie so, als hätten sich die beiden selbst getötet. Nachdem Caspar und Dane aus dem Weg geräumt sind, kann Leo wieder seine Funktion als Boss der Stadt übernehmen. Am Grab Bernies teilt Leo Tom mit, dass er Verna heiraten werde und dass er sich wünsche, Tom möge als Berater zu ihm zurückkehren. Während die beiden Männer miteinander sprechen, steigt Verna in Leos Auto ein und fährt weg. Tom lehnt Leos Wunsch ab, er bleibt an einen Baumstamm gelehnt zurück, und beobachtet Leos Weggang.

Psychoanalytische Interpretation

Die ersten Szenen des Films sind gekennzeichnet durch die in Kapitel IV.2 bereits ausgeführte Kontrastierung zwischen dem gesprochenen Wort und der Musik (vgl. *Fargo* und *O Brother, Where Art Thou*). Carter Burwell (2003), der die Musik zum Film komponierte, hatte diesen Zwiespalt, der insbesondere durch den Gegensatz zwischen den Bildern und der Musik zustande kommt, so beschrieben: „Ich dachte, wenn die Musik tatsächlich gefühlvoll ist, dann entsteht diese interessante Dissonanz zwischen dem, was zu sehen und dem, was zu hören ist. […] Darüber wird der Eindruck erzielt, dass sich etwas hinter den Dingen [die zu sehen sind] zuträgt. Dies gilt insbesondere, weil Gabriel Byrne [der Darsteller des Tom Reagan] im Film niemals eine Erklärung für seine Handlungen gibt." (Ebd., S. 202; Übers. M. Z) Während der Gegensatz zwischen Bild und Musik in vielen der Coen-Filme Humor und Ironie erzeugt, kommt ihm in *Miller's Crossing* die Rolle von Suspense zu. Wie bereits weiter vorn zum Werk der Coen Brüder erwähnt, geht die psychoanalytische Theorie heutzutage – anders als in Freuds Zeiten – davon aus, dass die Musik ihre frühesten Vorläufer in der menschlichen Entwicklung bereits im Mutterbauch hat, wenn der Säugling den Geräuschen, die vom Körper der Mutter kommen, ausgesetzt ist. Auch in der frühen nachgeburtlichen Zeit spielen Geräusche beim Stillen oder beim Spielen eine bedeutsame Rolle (vgl. Bolterauer 2006). Man kann sicherlich mit gutem Recht sagen, dass die Musik im impliziten Wissen angesiedelt ist.

Wie in keinem anderen Film der Coen-Brüder fühle ich mich in die impliziten Botschaften von *Miller's Crossing* eingebunden. Ich erspüre implizit, was sich, ohne Worte, zwischen Tom Reagan und Leo O'Bannon zuträgt. Über viele Szenen hatte der Film das Zerwürfnis zwischen den beiden Männern inszeniert, bis hin zu gewaltsamen körperlichen Angriffen O'Bannons und seiner Männer auf Tom. Auch in diesen Auseinandersetzungen waren häufig Fetzen von Carter Burwells Komposition von *Lament for Limerick* zu hören. Der Komponist verweist ebenfalls immer wieder auf das Implizite der Musik, das mit dem gesprochenen Wort nicht identisch ist. Das Lied war bereits beim Ablauf der Titel des Films zu hören, während Toms Hut langsam hinter Bäumen verschwindet. Diese erste Musikszene verbindet sich ausgezeichnet mit der letzten Szene des Films. Auch hier wird zwischen den Protagonisten gesprochen. Leo bittet Tom, wieder zu ihm zurückzukehren. Dieser geht jedoch auf die Bitte Leos nicht ein. Er lehnt sich an einen Baumstamm, mit seinem Hut auf dem Kopf. Trauer wird in seinem Gesicht sichtbar, wenn er Leo nachblickt, der den Friedhof von *Miller's Crossing* verlässt. Hier ist Bernie Bernbaum begraben. In dieser Szene ist erneut *Lament for Limerick* zu hören. Ich gehe davon aus, dass beide Szenen als Momente der Begegnung zu lesen sind, in denen sich mein aktuelles Fühlen unmittelbar mit den Szenen des Filmes verbindet. Ich bin dann in der Lage, das Geschehen zwischen den Protagonisten in Worte zu fassen. Das Handeln und Fühlen der beiden Helden wird von Liebe und Vernichtung bestimmt. In kreativer Weise benutzen die Brüder-Coen ein Gegeneinander von Sehen und Hören. Damit machen sie in *Miller's Crossing* aufmerksam auf das Nebeneinander von Liebe und Vernichtung.

In der ersten Sequenz des Films ist ein Whisky Glas zu sehen, in das laut hörbar Eiswürfel fallen; im Fortgang der Handlung hält Tom dieses Glas in der Hand. Die sich an diese Szene anschließende melancholische Musik, deren Vorlage das irische Volkslied „Lament for Limerick“ ist, spielt mit den Bildern, in denen die Baumwipfel von Miller's Crossing zu sehen sind, – so wie zuvor das Whiskyglas – auf Tom Reagan an. Der dramatisch gestaltete innere Kampf Toms, dem von Caspar der Auftrag erteilt worden war, Bernie im Wald von Miller's Crossing zu töten, spielt sich unter den Baumwipfeln des Waldes ab. Die Eingangsszenen vermitteln eine doppelte Botschaft. Toms tiefen Hass auf Bernie Bernbaum, der sich in seinem Ratschlag verbirgt, Bernie von Caspars Gang töten zu lassen. Außerdem wird Bernie – so Toms Vermutung – vom bewunderten und geliebten Leo O'Bannon scheinbar bevorzugt behandelt.

Toms Abwendung von Leo, indem er diesem mitteilt, dass Verna auch mit ihm eine Liebesbeziehung unterhalte, stellt einerseits einen Versuch dar, sich von dem verbotenen Liebesobjekt zu distanzieren, andererseits aber bringt er mit dem Verlust der Beziehung zu Leo auch seinen tatsächlichen Rivalen ins Spiel, nämlich Bernie Bernbaum. Die grauenvollen, von Vernichtungswut geprägten Szenen zwischen Tom und Bernie legen eindrucksvoll Zeugnis ab von Toms Hass auf den Nebenbuhler. Toms Überlaufen zu Johnny Caspars Gang ermöglicht es ihm, sich mit dem gehassten Objekt unmittelbar zu konfrontieren. Seine Weigerung am Ende des Films, wieder für Leo zu arbeiten, speist sich aus einer Liebe zu diesem, die aber, wie bereits weiter oben beschrieben, tödlichen Charakters ist. Nicht er stirbt am Ende des Films, sondern Bernie, der seiner Liebe zu Leo im Wege stand. Grausam schafft er diesen aus dem Weg. Die Musik aber weist den Weg, dass seine Grausamkeit ihn in die innere Einsamkeit treibt. Die Musik vermittelt, dass er nicht körperlich, aber psychisch gestorben ist. Auch deshalb ist er nicht mehr in der Lage erneut eine Beziehung zu Leo einzugehen.

Das Einlassen auf das implizite Geschehen zwischen dem Film und der Interpretin eröffnet die Möglichkeit, mehrere Sichtweisen für Tom Reagans unbewusste Wünsche und Fantasien zu benennen. Der Verlust von Toms Hut, der in einer der ersten Szenen sich ereignet, lässt sich auch als „Abzug der Besetzung" (Green 1993, S. 874) von der Welt der Männer, die, wie Leo Hüte tragen, interpretieren. Die Szene inszeniert einen Zwiespalt in Tom Reagans unbewusstem Erleben, nämlich zwischen Abzug der Besetzung und Wiederaufnahme des geliebten Objekts Leo. Wenn wir davon ausgehen, dass der Verlust des Hutes in der ersten Szene den Abzug der Besetzung vom inneren Objekt Leo symbolisiert, dann kommt es in der letzten Szene zu einer Wiederaufnahme dieses Objekts in sein Ich im Sinne einer „Objektalisierungsfunktion" (Green 1993, S. 874), die Trauer erlaubt.

Der Umstand, dass sich Tom nach dem (inneren und äußeren) Bruch mit Leo bei dem, von ihm wenig geschätzten, Jonny Caspar verdingt, lässt sich nicht mit seiner Klugheit erklären, sondern wirft eine Reihe von Fragen auf. Noch bevor er anfing, für Caspars Gang zu arbeiten, hatte er eine Begegnung mit dem italienischen Gangsterboss herbeigeführt, der ihm einen Scheck aushändigen will, damit Tom seine Schulden bezahlen kann. Auf die Weigerung Toms, den Scheck anzunehmen, bezieht er Prügel von den Mitgliedern der Caspar-Gang. Bereits in diesen Szenen manifestiert sich eine Tendenz zum Trotz; nur Leo konnte Tom Geld anbieten, nicht aber der verachtete Johnny Caspar. Der Vertraute Johnnys, Dane, misstraut Tom. Er wird nicht zum Ratgeber Caspars, eine Rolle, die ihn vorher mit Leo verbunden hatte. Diese Funktion kommt dem misstrauischen Dane zu. Es bleibt tatsächlich unklar, worin Tom Reagans Aufgabe bei Caspar bestehen könnte. Ich vermute, dass Caspar und Tom über Hass und Vernichtungstendenz zueinandergefunden haben. Wobei die Motive der beiden Protagonisten unterschiedlich sind. Johnny Caspars Ansinnen, Bernie zu vernichten, wird aus seinem Wunsch gespeist, Geld zu verdienen, Tom hingegen wird getrieben von seinem Hass auf den vermeintlichen Nebenbuhler bei Leo. Nun war ja diesem „Überlaufen" zur anderen Gang die aggressive Entfernung vom Objekt Leo vorausgegangen. Psychisch verändert aufgrund des Verlusts de Liebesobjekts Leo und einem Versuch, diesen mittels einer Inkorporationsfantasie nicht wahrhaben zu wollen, wendet sich Tom Johnny Caspar zu und liefert Bernie, der den Schutz Leos genießt, Caspar und seinen Leuten aus, die ihn töten wollen. Um seine Loyalität für Caspar unter Beweis zu stellen, wird Tom aufgetragen, Bernie im Wald von Miller's Crossing mit zwei Schüssen zu Tode zu bringen. Tom folgt den Anweisungen Caspars. Er bringt gemeinsam mit zwei Helfershelfern Bernie im Auto in den Wald. Er tötet Bernie jedoch nicht, sondern gibt hinter dem vor ihm Fliehenden zwei Schüsse in die Luft ab, um die Leute Caspars, die vor dem geparkten Auto am Waldrand stehen, zu täuschen. Auf diese Weise rettet er zunächst einen inneren Leo-Anteil in sich selbst, der sich der ehemals stattgefundenen Introjektion des Liebeobjekts Leo verdankt. Der Verlust des geliebten Objekts oder die „Zerreißung" (vgl. Torok 1983, S. 501) der Objektbeziehung führte jedoch zu einer Inkorporation des verlorenen Objekts. Da die Liebesbeziehung nicht völlig ausgelöscht war, wird nun das verlorene Objekt Leo auch als ein verbotenes Objekt inkorporiert. Mit extremer Grausamkeit inszeniert der Film die Szenensequenzen der scheinbaren Tötung Bernies, der den Schutz Leos genießt. Dem weiter oben dargelegten Interpretationsfaden folgend, geht es in diesen Szenen darum, den aufgrund einer Inkorporationsfantasie veränderten Tom Reagan zu veranlassen, Bernie nicht zu töten. Tom treibt den um sein Leben wimmernden und flehenden Bernie mit gezücktem Revolver und ausdruckloser Miene, in der sich Kaltblütigkeit abzeichnet, im Wald vor sich her. Erst als Bernie um sein Leben bettelnd vor Tom kniet und wimmert, es sei ungerecht, dass seine kleinen Schiebereien ihn das Leben kosten sollten, und er Tom flehentlich bittet, in sein Herz zu schauen, lässt Tom Bernie laufen. Während Bernie, noch immer panisch, wegläuft, schießt Tom einmal hinter ihm her in die Luft, Bernie weiter in Angst um sein Leben versetzend. In diesen Szenen manifestiert sich auch – neben der extremen Grausamkeit, mit der Tom den ihm hilflos ausgelieferten Bernie misshandelt – seine Inkorporationsfantasie des verlorenen Objekts Leo. Die Coen-Brüder inszenieren diesen von mir angenommenen Vorgang in der Nichtvernichtung Bernies durch Tom. Im Rahmen eines erneuten Zusammentreffens zwischen Tom und Bernie erschießt Tom diesen kaltblütig mit einem Schuss in die Stirn. Auf Bernies erneutes Bitten und Flehen um sein Leben und die wiederholte Bitte, Tom möge in sein Herz blicken, antwortet dieser: „Welches Herz?" Tom Reagan fantasiert sich in diesen Szenensequenzen als Herr über Leben und Tod. Eine Größenfantasie schützt ihn vor der Enttäuschung durch Leo. Der von mir zuvor angenommene Inkorporationsprozess des geliebten, zugleich aber verlorenen Objekts Leo, ist einer „Desobjektalisierung", „einem negativen Narzissmus" (Green 1993, S. 875) (ebd., S. 874) zum Opfer gefallen.

Leo O'Bannon, der überlegene, elegante irische Gangsterboss wird von den Coens nicht nur als nüchterner Boss, sondern auch als enorm klug und draufgängerisch inszeniert. Die Szenenabfolge, in der Jonny Caspars Leute einen Mordanschlag auf Leo verüben, gestaltet dies eindrucksvoll. Während die potenziellen Mörder bereits in sein Haus eingedrungen sind, mit ihren langen Gewehren die Treppe zum Schlafzimmer von Leo hinaufgehen und einer seiner Bediensteten bereits tot am Boden liegt mit einer brennenden Zigarette in der Hand, die bald einen Brand entfachen wird, liegt Leo entspannt in seinem eleganten Morgenrock auf seinem Bett. Die ersten beiden Strophen von *Oh, Danny* begleiteten diese Szenen.

„Oh, Danny boy, the pipes, the pipes are calling
From glen to glen, and down the mountain side.
The summer's gone, and all the roses falling,
'Tis you, 'tis you must go and I must bide.

But come ye back when summer's in the meadow,
Or when the valley's hushed and white with snow.
'Tis I'll be there in sun-shine or in shadow,
Oh, Danny boy, oh Danny boy, I love you so!"[7]

Während die nächste Strophe erklingt, ist Leo zu sehen, der den Song *Oh, Danny*, der von Frank Patterson gesungen wird, auf seinen Plattenspieler aufgelegt hatte. Die dritte Strophe ist nun zu hören, während Leo Rauch aus den Ritzen der Holzplatten aufsteigen sieht. Aufmerksam setzt er sich auf, schlüpft mit nackten Füssen in seine eleganten Slipper und löscht seine Zigarre. „And when you come, and all the flow'rs are dying. If I am dead, as dead I well may be. Ye'll come and find the place where I am lying. And kneel and say an 'Ave' there for me." Die Musik legt die Annahme nahe,

7 https://de.wikipedia.org/wiki/Danny_Boy.

dass Leo Tom seiner Liebe versichert, obwohl er ihn in den vorangegangenen Szenen misshandelte, weil Tom ihm von seiner Verbindung mit Verna erzählt hatte. Leo liegt *unter* seinem Bett, von dort aus tötet er einen der Eindringlinge. Dann lässt er sich vom Dach seines brennenden Haus herunter, erschießt den zweiten Mörder, der am geöffneten Fenster erscheint mit einer MG-Salve, schießt auf der Straße dem rasch davonfahrenden Auto der Mörder hinterher, das gegen einen Baum rast und Feuer fängt. Jetzt hält er sein Gewehr in einer Hand, zündet sich den übriggebliebenen Zigarrenstummel an. Die vierte Strophe des Liedes begleitet diese Szenen: „And I shall hear, though soft you tread above me. And all my grave shall richer, sweeter be. Than you will bend down and tell me that you love me, And I will sleep in peace until you come to me.“ (Liedtext Frederic Weatherly) Die Konfrontation der Musik mit den Bildern vom wild um sich schießenden Leo, der mit dem Maschinengewehr einen Mann aus der Gang Caspers regelrecht durchsiebt, während dieser im Kugelhagel die Kontrolle über sein eigenes Gewehr verliert und sich selbst in die Füße schießt bevor er zu Boden geht, legt die Interpretation nahe, dass das Lied eine Botschaft für Tom Reagan enthält. Mit der Musik gestalten die Coens das Versprechen von Liebe und Zuneigung, die Bilder aber zeigen, dass diese nie eingelöst werden kann.

Interpretatorisch kann die Gestaltung von *Miller's Crossing* als Inszenierung der Tragik zwischen enttäuschter, aber zugleich herbeigesehnter Liebe und tiefem vernichtendem Hass verstanden werden. Das beständige Hin- und Her speist sich eben aus diesem extremen, nur ungenügend kontrollierten Gefühlszustand beider Protagonisten, sowohl Leos als auch Toms. Die Protagonisten umgibt Düsternis, Vergeblichkeit und Gewalt. Selbst die Musik vermag diese Vergeblichkeit und Gewalt nicht einzudämmen. Zugleich verleiht das Spiel zwischen der Musik und dem gesprochenen Wort dem Film die Dynamik eines Thrillers, der mit dem Einsatz von Suspense arbeitet. Der Film handelt dann auch weniger von der Nachzeichnung eines aggressiven, korrupten Gangstermilieus, als vielmehr von Hass und Vernichtung aus enttäuschter und verbotener Liebe zwischen Leo und Tom. Ich zitiere nochmals Carter Burwell (2003), der indirekt meine These bestätigt. Er führt aus: „Ich dachte, dass Sie, während Sie den Film sehen, emotionale Hinweise haben möchten hinsichtlich seiner Motive [Tom Reagans]. Ich dachte, wenn ich ganz zu Anfang sage, dass es eine große Liebe zwischen Albert Finney [Leo] und Gabriel Byrne [Tom] gibt und ich dafür eine Melodie erfinden kann, dann wird es später möglich, wenn Gabriel Byrne alleine auftritt und er offenbar zum Verräter wird und diese Melodie erneut erklingt, dann werden wir uns daran erinnern, was in seinem Herzen vor sich geht." (S. 202; Übers. M. Z.) Es sei hinzugefügt, dass auch Leos Liebe für Tom über die Musik ihren Ausdruck findet.

MATTIE ROSS AUF DER SUCHE NACH DEM VATER: TRUE GRIT (2010)

Inhalt

Die 14-jährige Mattie Ross will den Mord an ihrem Vater rächen, den einer von dessen Landarbeitern an ihm verübte. Der Mörder ist in das Indianerterritorium geflohen, welches an den Staat Arkansas grenzt, in dem Mattie lebt. In diesen Gebieten, die noch nicht den Status eine US-Bundesstaates besitzen, verfügen die US-Marshalls über Polizeigewalt. Sie können verhaftete Delinquenten den Gerichten eines Bundesstaates übergeben. Mattie Ross sucht einen solchen Marshall, den sie in Reuben Cogburn findet. Sie bietet ihm eine Belohnung, wenn er mit ihr gemeinsam, Tom Chaney, den Mörder ihres Vaters, findet, ihn tötet, oder ihn an den Galgen bringt. Da auch der Texas-Ranger LaBoeuf auf der Suche nach Tom Chaney ist, der in Texas einen Senator ermordet hat, schließt er sich Mattie und Cogburn an. Zunächst wollen die beiden Männer Mattie loswerden; die 14-Jährige hat jedoch im Verlauf ihrer abenteuerlichen Suche nach dem Mörder in den Indianergebieten die beiden von ihrem Mut, ihrer Klugheit und ihrem bedingungslosen Einsatz überzeugt. Nachdem Cogburn und LaBoeuf die Suche aufgeben, da sie die Spur der Gang, bei der sich Tom Chaney aufhält, verloren hatten, trifft Mattie beim Wasserholen in einem Fluss auf Tom Chaney. Später erschießt sie ihn mit LaBoeufs, für Mattie viel zu großem Gewehr. LaBoeuf wurde im Kampf mit Tom Chaney am Kopf verletzt. Mattie verliert durch den heftigen Rückstoß, den der Revolver beim Schießen verursacht, das Gleichgewicht und fällt in eine Schlangengrube, in der auch das Gerippe eines Mannes liegt, unter dessen Kleidung sich Schlangen bewegen. Mattie wird von den Schlagen angegriffen und von einer Schlange gebissen. Der verletzte LaBoeuf zieht Mattie und Cogburn, der in die Grube gestiegen war, an einem Seil nach oben. Mattie schlingt ihre Arme um

Cogburn. Im gemeinsamen Ritt auf Matties Pony, Little Blacky, begleitet von Variationen der Hymne *Leaning on the Everlasting Arms* lehnt sich Mattie, manchmal ohnmächtig und halluzinierend in die Arme Cogburns, der hinter ihr sitzt, und das Pferd reitet, bis es zusammenbricht. Mattie weint, als er das erschöpfte Tier erschießt. Unter größter Anstrengung trägt er dann Mattie in seinen Armen, bis sie eines Hauses ansichtig werden. Dort übergibt er sie den dort lebenden Personen. Nach 25 Jahren will Mattie Cogburn in Memphis treffen, erfährt aber bei ihrer Ankunft, dass er vor drei Tagen gestorben ist. Sie überführt seine Leiche von einem Konföderierten-Friedhof auf den Friedhof ihres Heimatortes, in der Nähe von Dardanelle. Der Schlangenbiss hatte eine schwere Infektion verursacht, sodass ihr linker Arm amputiert werden musste. Als sie sich vom Grab Cogburns entfernt, erklingt die religiöse Original-Hymne *Leaning on the Everlasting Arms* (Gestützt auf die ewigen Arme), die Carter Burwell zu seinen Kompositionen für den Film anregte.

Einführung

True Grit ist ein Remake des 1969 von Henry Hathaway gedrehten Films True Grit mit John Wayne in der Rolle des Marshalls Reuben Cogburn. Im Film Reuben Cogburn verkörperte John Wayne im Jahr 1975 zum zweiten Mal den Marshall, Katharine Hepburn hatte die weibliche Hauptrolle inne. Im Jahr 1979 wurde ein weiterer Film gedreht, diesmal unter dem Titel *True Grit: A Further Adventure* mit Warren Oates in der Hauptrolle, da John Wayne inzwischen verstorben war. *A Further Adventure* war ein Fernsehfilm. John Wayne erhielt für seine Interpretation in Hathaways Film einen Oskar. Dieser und die drei folgenden Versionen beruhen auf dem Roman *Tue Grit* von Charles Portis aus dem Jahr 1968. Nun folgt der Film der Brüder Coen nicht der ursprünglichen Darstellung von John Wayne; er adaptiert vielmehr, an manchen Stellen fast wörtlich, die Romanvorlage. Er zeichnet mit seiner Inszenierung das tragikomische Schicksal der Mattie Ross nach, die den Verlust des mit inzestuösen Wünschen ausgestatteten Vaters negiert und glaubt, ihn in der Suche nach seinem Mörder mit der Hilfe eines Marshalls wiederzufinden; die Interpretation vieler Szenen legt diese Sicht nahe. Diese Version spielt im Film Hathaways keine Rolle. Während Mattie bei Hathaway am Ende glücklich und entspannt mit ihrem Retter Cogburn, einem Vaterersatz, spricht, ist dieser sowohl in der Romanvorlage, als auch im Film der Coens verstorben, noch bevor Mattie ihn wiedersehen kann. Ihre Suche, mit der sie den Verlust des Vaters ungeschehen machen wollte, stellt sich als gescheitert heraus, da der Ersatzvater inzwischen ebenfalls verstorben ist. Auch Matties Armamputation kommt in Hathaways Adaptation nicht vor. Während die Coens Humor, schwarzen Humor und Tragik, miteinander vereinbaren, fehlen diese Merkmale in dem Film von Henry Hathaway. *True Grit* der Coens unterscheidet sich jedoch auch wesentlich von der Romanvorlage durch die intensive Verwendung der Musik, von Variationen der bereits erwähnten religiösen Hymne aus dem 19. Jahrhundert mit dem Titel Leaning on the Everlasting Arms. Carter Burwell, der für fast alle Kompositionen in den Filmen der Brüder, mit Ausnahme des Sountracks von *O Brother, Where Art Thou*? und für Inside Llewyn Davis verantwortlich zeichnet, hat die Variationen der Hymne für *True Grit* komponiert. Ähnlich wie in diesen beiden Filmen hat die Musik auch in *True Grit* eine besondere Bedeutung.

In Besprechungen wurde der Film manchmal als Western bezeichnet. In der Figur des LaBoeuf manifestiert sich eine typische Figur der Westernfilme, die immer korrekt gekleidet ist und so aussieht, als käme sie direkt aus der Dusche. Die Figur des Marshalls ist atypisch für den Western; er trägt langes Haar, wirkt ungepflegt und ist häufig betrunken. Aber auch die Musik ist keine „typische Westernmusik". Das Gleiche gilt für die Inszenierung der Landschaft, in der sich die Protagonisten bewegen, die ebenso atypisch für das Genre ist. In *True Grit* der Coens wird keine überbordend schöne Westernlandschaft mit wunderbaren Farben inszeniert, wie dies Henry Hathaway (1969) in seiner Verfilmung tut mit schneebedeckten Bergen, grünen Laubbäumen, einem dunkelblauen Fluss, sondern eine kahle Winterlandschaft mit dürren Bäumen und Schneetreiben. In anderen Filmen der Brüder, beispielsweise *Blood Simple* oder *Fargo*, kommt den Landschaftsbildern eine besondere Bedeutung für die Psychologie der Protagonisten und Protagonistinnen zu. Die baum- und strauchlose Öde von Texas, die gerade Straße, von der unklar ist, wohin sie führen wird, auf der nur ein kaputter Autoreifen sichtbar wird, und der Regen vermitteln Einsamkeit und Ziellosigkeit der Liebenden in *Blood* Simple. In der abweisenden Schneelandschaft in *Fargo* manifestiert sich die Feindseligkeit und Grausamkeit des Protagonisten Jerry Lundergard. In *True Grit* sprechen die kahlen Sträucher und Bäume und die Öde der Landschaft von der Nichteinlösung einer leidenschaftlichen Liebe.

Interpretation

Die Coen Brüder inszenieren das Auftreten und das Handeln ihrer Protagonistin Mattie Ross über immer neue unerwartete Wendungen, die ich – wie bereits mehrfach ausgeführt – mit Erwartungsverletzungen bezeichne. Mattie hatte sich nach Fort Smith begeben, um dort den Mörder ihres Vaters zu suchen und ihn einer gerechten Strafe, am besten durch den Strang, zuzuführen. Bei ihrer Ankunft geht sie zum Leichenbestatter, begleitet vom Schwarzen Yarnell, einem Mitarbeiter ihres verstorbenen Vaters, um dort den toten Vater aufzusuchen. Auf die Frage des Leichenbestatters, ob der Mann, auf den er deute, ihr Vater sei, antwortet sie gefasst mit Ja. Auf die zweifache Aufforderung durch den Leichenbestatter, sie könne den einbalsamierten Vater küssen, fragt sie nach der Höhe der Rechnung für die Einbalsamierung und für die Überführung des Toten in seinen Heimatort in Arkansas. Sie teilt dem Bestatter mit, dass ihr die Rechnung übertrieben hoch vorkomme. Auch ihre Übernachtung im Leichenschauhaus, in dem außer ihrem Vater auch drei, vorher durch den Strang hingerichtete Verbrecher in ihren Särgen liegen, stellt eine unerwartete Wendung dar, da diese Entscheidung nicht die Erwartungen an das Verhalten eines jungen Mädchens erfüllt. Unter der Decke eines der Gehängten wird dessen knochige Hand sichtbar. Der Leichenbestatter hatte vorher Mattie angeboten, sie könne in einem der leeren Särge übernachten. Diese Erwartungsverletzungen, die Gegenüberstellung von „normalem" Verhalten eines 14-jährigen Mädchens mit ihrer Reaktion auf das Angebot des Leichenbestatters, sie könne ihren Vater küssen, sie könne auch die Nacht bei den Leichen der Gehängten verbringen, erzeugt schwarzen Humor und gibt den Szenen im Leichenschauhaus einen komischen Charakter. Ebenso unerwartet gestaltet sich Matties Feilschen mit dem Pferdehändler um das Geld für mehrere Ponys, die durch den Tod des Vaters nicht mehr abgeholt werden konnten. Auch diese Szenen durch Tragikomik mittels Erwartungsverletzungen gekennzeichnet. Mattie benötigt das Geld dringend, um einen geeigneten Partner bei der Suche nach dem Mörder des Vaters bezahlen zu können. Auch Matties Wahl des Marshalls, der sie schließlich in das Indianergebiet begleitet, ist von Erwartungsverletzungen gegenzeichnet. Mattie hatte den Sheriff von Fort Smith gefragt, wer Vorort infrage käme. Der Sheriff nennt Marshall Cogburn, den er als bissigen, furchtlosen Mann schildert, der mit seinen Gefangenen keinerlei Mitgefühl habe, für den das Wort Angst ein

Fremdwort sei, der allerdings auch dem Trunk verfallen sei. Er nennt Mattie zwei weitere Marshalls, wobei einer Halbcomanche sei und das Indianergebiet gut kenne, der andere die Gefangenen immer mit Rücksicht behandele und sie deshalb auch manchmal laufen lasse. Mattie entscheidet sich für Cogburn, weil er „grit" (Mut) habe – wie sie selbst. Die erste Kontaktaufnahme Matties mit Cogburn ist wiederum durch Erwartungsverletzungen gekennzeichnet, die den Auftakt der Beziehung zwischen den beiden scheinbar verschiedenen Partnern inszenieren. Erneut wird über unerwartete Wendungen Komik und Humor transportiert. Mattie klopft an die Tür eines hölzernen Feld-Klos, auf dem Cogburn „sein Geschäft verrichtet" so seine Worte, während Mattie ihm mitteilt, sie müsse mit ihm über ein Geschäft sprechen, im Saloon habe man ihr gesagt, wo er zu finden sei. Er schickt sie jedoch zum Teufel, sein Geschäft ginge jetzt vor, was sie überhaupt im Saloon wolle, dort gehörten keine Frauen hin. Sie stellt sich ihm vor, noch immer vor der Holztoilette stehend, sie sei keine Frau, sie sei erst 14 Jahre alt. Auch weitere Treffen mit dem Marshall sind von Humor geprägt. Von nun an bilden die Beiden ein seltsames Paar; der keine Antwort schuldig bleibende, kluge, aber äußerlich heruntergekommen wirkende Marshall, von dessen Schlagfertigkeit sich Mattie in einem Prozess bereits überzeugt hatte, in dem er als Zeuge geladen war. Er schläft im Hinterzimmer des Ladens des Chinesen Lee auf einer durchhängenden Liege, weil er keine eigene Wohnung besitzt, sondern immer unterwegs ist im Indianer-Territorium auf der Suche nach Gesetzesbrechern. Das Verhalten der 14-jährigen Mattie Ross, die bei der Suche nach dem Mörder ihres Vaters keine Hindernisse scheut, wird von Cogburn geschätzt; im weiteren Filmverlauf wird sie dann auch zur Partnerin des Marshalls. Die von Humor geprägten Begegnungen zwischen Mattie und Reuben Cogburn weisen bereits auf eine libidinös geprägte, aber auch idealisierte Beziehung zwischen den Beiden hin.

Die ursprünglich religiöse Hymne *Leaning on the Everlasting Arms* von Anthony J. Showalter (Komposition) und Elisha Hoffman (Text), die aus dem Jahr 1887 stammt, wurde von Carter Burwell für *True Grit* neu komponiert. Mit der Wahl der religiösen Hymne inszenieren die Coens keineswegs religiöse Motive für Matties Handeln. Die Brüder siedeln im Gegenteil das Leaning on the Everlasting Arms in der Liebesbeziehung an, die Mattie mit Reuben Cogburn verbindet. Für diese Interpretation spricht auch die äußerst romantische, ja zärtliche Musik der Hymne. Sie ist über weite

Strecken des Films in immer wieder veränderten Variationen zu hören; sie begleitet beständig Mattie Ross. Bereits bei ihrer Ankunft in Fort Smith auf der Suche nach Tom Chaney, dem Mörder ihres Vaters ist die „Liebes-Hymne“ zu hören. Als Mattie später in der ehemaligen Unterkunft des Vaters bei seinem Aufenthalt in Fort Smith dessen Sattelzeug, seinen Revolver, seine Kleidung findet, insbesondere seinen Hut, den sie sofort aufsetzt, erklingen Fetzen von *Leaning on the Everlasting Arms*. Cogburn und LaBoeuf hatten Mattie in Fort Smith zurückgelassen, um sie von der Suche nach Tom Chaney auszuschließen. Sie überquerte jedoch den Fluss, indem sie sich am Fell ihres Ponys festhielt. Bei ihrer Überquerung sind erneut Fetzen von Everlasting Arms zu hören. Der Fährmann hatte sich auf Anweisung Cogburns geweigert, sie auf dem Floss überzusetzen. Ihre Überquerung mit Hilfe ihres Ponys stellt eine Wendung in der Beziehung Cogburns zu Mattie dar. Er ist beeindruckt von ihrem Mut und ihrer Halsstarrigkeit, mit der sie ihren Plan verfolgt, gemeinsam mit ihm Tom Chaney zu suchen, um ihn einer gerechten Strafe zuzuführen. Auch diese Sequenz, wie viele weitere, bis zur Szene, in der Mattie Tom Chaney erschießt, stellt Erwartungsverletzungen dar. Aber insbesondere die nicht vorhersehbaren Wendungen, wenn Mattie unerwartet im Fluss auf Tom Chaney trifft, und wenn sie ihn später mit LaBoeufs Revolver tötet, wobei sie in die Schlangengrube fällt, stehen nicht mehr im Dienst der Erzeugung von Komik, sondern vielmehr von Tragik. Sie wird von einer Schlange gebissen und lebensgefährlich verletzt.

Ich hatte an anderer Stelle darauf verwiesen, dass in den Coen-Filmen häufig ein Widerspruch zwischen der Musik und den Bildern gestaltet wird. Dieses Nichtzusammenpassen von Bild und Musik bestimmt auch die Szenen in *True Grit*. Während die Variationen Carter Burwells der ursprünglich religiösen Hymne *Leaning on the Everlasting Arms* bereits bei der Ankunft Matties in Fort Smith und bei weiteren Abenteuern Matties zu hören sind, so enthüllt die Musik Matties Gefühle, Wünsche nach zärtlicher Zuneigung, die sich in der bildlichen Darstellung nicht finden. Offenbar hat sie die Liebe zum Vater dazu veranlasst, im Winter und im Alter von 14 Jahren nach dessen Mörder zu suchen. Der emotionale Austausch mit ihrem kauzigen, aber äußerst klugen Begleiter führt dazu, ihn nicht nur achtet, sondern – das zeigen insbesondere die Szenen, in denen er die von einer Schlange gebissene Mattie unter größter physischer Anstrengung rettet –

dass sie ihn liebt und er sie liebt. Der gemeinsame Ritt auf Matties Pony wird wieder von der Hymne begleitet, die eine zärtliche, aber auch eine verzweifelte Botschaft zugleich vermittelt. Nur die Musik gibt Auskunft über die Liebe zwischen den Beiden. Cogburn schlingt seine Arme um Mattie, sie lehnt sich in seine, sie schützenden Arme. Ihr Umschlungensein von Cogburns Armen vermitteln Zärtlichkeit und Vertrautheit.

Es vergeht ein Vierteljahrhundert bis Mattie nach ihrem Retter sucht, um ihm die schuldig geblieben 50 Dollar zu zahlen. Vor der gemeinsamen Suche nach dem Mörder Tom Chaney hatte sie Cogburn, der 100 Dollar für seine Mithilfe verlangt hatte, 50 Dollar angezahlt. Die letzten Szenen des Films, 25 Jahre nach der Rettung Matties, geben noch einmal, jetzt mit größerem Nachdruck, Auskunft über die libidinöse Beziehung zwischen Reuben Cogburn und Mattie Ross. Mattie begibt sich zu der Westernshow, zu der sie Cogburn eingeladen hatte. Dort erfährt sie aber auf Nachfrage nach ihm, dass er drei Tage vor ihrer Ankunft in Memphis verstorben sei. In den Schlussszenen des Films wird sie in dunkler Witwenkleidung auf dem Friedhof von Dardanelle sichtbar. Sie erzählt, dass sie Reuben Cogburn vom Konföderierten-Friedhof auf den Friedhof ihrer Heimatstadt überführen ließ. Sie habe nie geheiratet, teilt sie dem Publikum mit. Häufig fragten die Leute, welche Beziehung sie mit diesem fremden Mann verband. Auch diese Mal gibt die Musik Auskunft über ihre Beziehung zu Cogburn. Wenn sie seinen Grabstein verlässt, erklingt diesmal in Originalfassung die Hymne.

What a fellowship, what a joy divine,
Leaning on the everlasting arms;
What a blessedness, what a peace is mine,
Leaning on the everlasting arms.
Refrain:
Leaning, leaning, safe and secure from all alarms.
O how sweet to walk in this pilgrim way,
Leaning on the everlasting arms;
O how bright the path grows from day to day,
Leaning on the everlasting arms;
O how bright the path grows from day to day,
Leaning on the everlasting arms
Refrain

What have I to dread, what have I to fear,
Leaning on the everlasting arms;
I have blessed peace with my Lord so near,
Leaning on the everlasting arms.
Refrain[8]

Innerhalb des filmischen Schaffens der Coen-Brüder, erhält *True Grit* einen Sonderstatus aufgrund der Bedeutung, die der Musik eingeräumt wird. Darüber hinaus gibt es keine Antihelden, die doch das Schaffen der Coens häufig kennzeichnen. Der französische Filmtheoretiker Astruc (2001) bezeichnet die Antihelden als solche, die „mit Ereignissen konfrontiert sind, die ihre Fähigkeiten übersteigen und die sie in manchen Fällen ins Desaster zerren, bis hin zum bitteren Ende“ (ebd., S. 42; Übers. M. Z.). Weder Mattie ist als Antiheldin zu bezeichnen, noch der Marshall Cogburn. Das merkwürdige Paar Mattie/Cogburn ist von Tragik gezeichnet, die an manchen Stellen im Film durch schwarzen Humor gemildert scheint. Aber gerade am Ende des Films, wenn die Geschwindigkeit mit der die Ereignisse inszeniert werden, zunimmt, macht der Film Mitteilung von der Tragik einer nicht einlösbaren Liebe. Im Todesritt enthüllt sich das Draufgängertum der beiden Protagonisten als wechselseitige Idealisierung. In den letzten Szenen manifestiert sich das *Leaning on the Everlasting Arms*, eingelassen in eine emotional hoch besetzte Beziehung zwischen zwei Menschen; Mattie, die sich anlehnt und Cogburn, der sie in seinen Armen auffängt.

FARE THEE WELL: INSIDE LLEWYN DAVIS (2013)

Einführung

Llewyn Davis ist eine fiktive Figur, deren filmische Gestaltung jedoch teilweise beeinflusst ist von dem Folk-, Jazz- und Blues-Sänger Dave van Ronk[9]. Auf kreative Weise verwandelten die Coen-Brüder den in den 50er und 60er Jahren in der New Yorker Folkmusik-Szene in Greenwich Village einflussreichen Dave van Ronk in die Figur des Llewyn Davis, dessen Le-

8 https://en.wikipedia.org/wiki/Leaning_on_the_Everlasting_Arms.

9 http://wikipedia.org/wiki/Inside_Llewyn_Davis (Übers. M. Z.).

ben gezeichnet ist durch den Verlust seines Partners Mike Timlin. Dave van Ronk förderte in Greenwich Village junge Musiker, beispielsweise Bob Dylan gefördert. Nichts bleibt bei der Inszenierung von Llewyn Davis sichtbar von dem politischen Engagement van Ronks, worüber er in seiner posthum veröffentlichen Autobiografie *The Mayor of Mac Dougal Street* (2006) ausführlich berichtet. Er war Mitglied der Libertarian League, in der sich Anarchisten und Syndikalisten zusammengefunden hatten. Für van Ronk ist die Folkmusik fest verankert in den gesellschaftlichen Unterschichten. Der Folk-Song ist für ihn nicht etwa ein Stil, sondern vielmehr ein Prozess, in dem sich Mitglieder der Arbeiterklasse und Afro-Amerikaner von Sänger zu Sänger verständigen. Mit der filmischen Verwandlung des politisch engagierten Dave van Ronk in den ziellos herumirrenden, eigenbrötlerischen Llewyn Davis kommen Ironie, Komik, aber auch Tragik ins Spiel.

Inhalt

Der Film schildert eine Woche im Leben des Gitarristen und Folk-Sängers Llewyn Davis (Oscar Isaac), dessen Karriere keine Fortschritte macht und dessen Album Inside Llewyn Davis sich nicht verkauft. Da er kein Geld hat, eine Wohnung zu mieten, schläft er auf den Sofas von Freunden. Sein Partner, Mike Timlin, hat Selbstmord begangen. Llewyn tritt fast ausschließlich im Gaslight Cafe auf, einem Kaffeehaus, das in den 50er und 60er Jahren Treffpunkt der Folk- und Bluessänger und -sängerinnen war. Er übernachtet in der Wohnung der Gorfeins, eines älteren Ehepaares, das Llewyns Musik bewundert. Beim Aufwachen sieht er eine Katze mit rötlichem Fell, die auf seine Bettdecke und von dort auf das Fensterbett springt. In der Folge ist er auf den Straßen New Yorks und in der Metro mit der Katze auf dem Arm zu sehen. Nachdem sie eines Tages entlaufen ist, nimmt er eine ähnlich aussehende Katze als Begleiterin auf. Später lässt er sie im Auto zusammen mit dem drogenabhängigen Jazz-Musiker Roland Turner (John Goodman) zurück, um sich per Anhalter nach Chicago durchzuschlagen. Dort trifft er auf den einflussreichen Produzenten Bud Grossman (F. Murray Abraham), der kein Interesse an einem Vertrag mit Llewyn hat. Er kehrt zurück nach New York und tritt weiter im Gaslight Cafe auf.

Psychoanalytische Interpretation

Mit dem Eingangssong *Hang Me O Hang Me* erlauben sich die Coen-Brüder einen Scherz, der dem Schmerz von Llewyn über den Verlust seines Freundes Mike Timlin eine komische Note verleiht. *Hang Me O Hang Me* ist ein traditionsreicher Song, der von einem unbekannten Mörder handelt, der in den 70er Jahren des 19. Jahrhunderts mit dem Strang hingerichtet wurde. Die Hinrichtung fand in Fort Smith in Arkansas statt, wo Hinrichtungen durch den Strang öffentlich stattfanden, sodass ein großes Publikum Zeuge werden konnte. Es kam durchaus auch vor, dass einer der Verurteilten vor seiner Hinrichtung sang oder sich über sein Schicksal äußerte[10]. Mit einer solchen Szene beginnt *True Grit*. In dieser Sequenz wird dem letzten der drei Verurteilten eine schwarze Kapuze über den Kopf gezogen, wodurch er am Weitersprechen gehindert wird. Die Coens erwähnen in *True Grit* auch den Richter Isaac Parker, der als „Hinrichtungsrichter" bekannt war. Mit dem indirekten Bezug auf die Hinrichtungsszene in Fort Smith verweisen die Brüder die Fantasien Llewyns in den Bereich des schwarzen Humors. Als Llewyn später das Cafe verlässt, wird er von einem auf ihn wartenden Mann zusammengeschlagen. Die gleiche Szene wiederholt sich am Ende des Films. Der scheinbar unbekannte Mann wartet auf Llewyn außerhalb des Cafés und schlägt ihn erneut brutal zusammen. Vorher hatte Llewyn im Cafe auch das ursprünglich mit seinem toten Freund gesungenen Lied *Fare Thee Well* vorgetragen. Dieser zweite Song, der in seiner ursprünglichen Fassung[11] von einer Frau handelt, die von ihrem Liebhaber verlassen wurde, gerade in dem Augenblick, in dem seine Anwesenheit für sie am wichtigsten war, erzählt interpretativ vom Verlust von Llewyns Partner Mike, mit dem ihn eine Liebesbeziehung verband. Eine eindrückliche Szene, die sich in der Wohnung der Gorfeins abspielt, spricht eindrücklich von einer Inkorporationsfantasie, die Llewyn veränderte. Auf Wunsch des Gastgebers, Mr. Gorfein, stimmt Llewyn den Song *Fare Thee Well* an. Als Mrs. Gorfein anfängt, den Part von Mike zu singen, bricht Llewyn seinen Vortrag ab und herrscht die Gastgeberin an, was sie mit ihrem Singen beabsichtige. Wütend verlässt er die Wohnung seiner Gastge-

10 http://www.chimesfreedom.com/2014/02/24/the-journey-of-hang-me-oh-hang-me from-the-scaffold-to-the-screen/.

11 https://en.wikipedia.org/wiki/Dink%27s_Song (Übers. M. Z.).

ber. Eine Interpretation dieser Szene macht deutlich, dass Llewyn nicht um den Verlust des Freundes trauert, sondern dass er sich über eine Inkorporationsfantasie (Araham u. Torok 1971) teilweise in den Toten verwandelt hat. Diese Form des Ungeschehenmachens des Verlusts führt dazu, dass Mrs. Gorfeins Übernahme eines Parts, den ursprünglich Mike sang, heftig von Llewyn zurückgewiesen werden muss. Die Gastgeberin hat mit ihrer Begleitung des Songs eine Introjektion des verlorenen Objekts angeboten. Die Introjektion, die im Wachstum des Ichs angesiedelt ist, kann einen Trauerprozess in Gang bringen. Die Inkorporationsfantasie, mit der Llewyn seinen Freund in sich hineingenommen hat, verhindert einen Trauerprozess um den Verlorenen.

Nachdem Llewyn in der Wohnung der Gorfeins übernachtet hat, findet er in einem Bücheregal das Album *If We Had Wings*, das er einst gemeinsam mit seinem Freund aufgenommen hatte. Er legt den Song *Fare Thee Well* auf. Die Inszenierung der Musik in dieser Szene ist diegetischer Natur (Deutsch 2003, S. 31), womit wir unmittelbar Zeugen werden von den Wünschen, den Gefühlen und dem fast nicht zu bewältigenden schmerzlichen Verlust, den Llewyn durch den Selbstmord des Freundes erlitten hat. Die Musik begleitet dann sein Verlassen der Wohnung der Gorfeins, seinen Weg durch die Straßen New Yorks, seine Fahrt mit der Metro, bis er in der Wohnung von Jean und Jim ankommt, wo er die nächste Nacht auf einem Sofa zubringen will. Deutsch weist darauf hin, dass die nichtdiegetische Musik, die diese Szenen begleitet die Funktion einer „narrative support music“ (ebd. S. 31) zukommt, also Musik, die das Narrativ unterstützt. Die letzte Strophe des Songs macht Aussagen über die Liebe zu dem Freund und die Unfähigkeit Llewyns, den Verlust des Freundes zu betrauern. „Sure as a bird high above; Life ain't worth living without the one you love; Fare thee well my honey fare thee well.“ Der tote Mike bleibt immer stumm und wird nur über die Musik lebendig, die Llewyn singt oder, in der Szene, in der er das Album *If We Had Whings* auflegt, hört.

Der Mann, der Llewyn zu Beginn und am Ende des Films brutal zusammenschlägt, rächt sich am Protagonisten, so sieht es der Plot vor, weil dieser sich über die musikalische Darbietung seiner Frau im Gaslight Cafe lautstark lustig gemacht hatte. Ich gehe jedoch davon aus, dass der düstere Mann, dessen Gesicht nie zu sehen ist, und der auf Llewyn außerhalb des Cafés wartet einen Doppelgänger darstellt. Er repräsentiert den durch die Inkorporationsfantasie veränderten Llewyn Davis, der einmal mehr, einen über den Verlust des Freundes trauernden Llewyn nicht zulässt. Diese Sichtweise bestätigt auch die bereits erwähnte Szene, in der Mrs. Gorfein beginnt, den Gesangspart von Llewyns totem Freund Mike zu übernehmen. Während Mrs. Gorfein dem unglücklichen Llewyn versucht, über ihr Singen die Introjektion des toten Freundes nahe zu bringen und einen Trauerprozess zu ermöglichen, repräsentiert der schlagende Mann den über Inkorporation veränderten Llewyn.

Llewyn sucht auf Anraten eines Freundes den einflussreichen Produzenten Bud Grossman in Chicago auf, um für die Vermarktung seines Albums Inside Llewyn Davis zu werben. Wenn er dort dem Produzenten den Song *The Death Of Queen Jane* vorspielt und vorsingt, die bei der gewaltsam herbeigeführten Geburt ihres Kindes stirbt, wiederholt sich das Thema vom unbewältigten Verlust des Geliebten. Grossman schlägt Llewyn vor, sich einem zu bildenden Trio anzuschließen, mitseinem Einzelauftritt sei kein Geld zu verdienen. Die Wahl eines tödlich ausgehenden Geburtsvorgangs liefert Hinweise auf die körperliche Einheit, die durch die Fantasie von der Inkorporation herbeigeführt worden ist. Eine Trennung, die dem Geburtsvorgang gleichkommt, führt in der Fantasie des Protagonisten zur Auflösung der Einheit und letzten Endes zum Tod des Freundes. Der Überlebende ist Llewyn, aber er kann die Gewaltsamkeit, die sich im Geburtsakt manifestiert, nicht leugnen. Er ist ein toter Überlebender, der sich im Leben ohne seinen Freud nicht zurechtfindet. Er ist außerstande, für eine geeignete eigene Unterkunft zu sorgen. Er will sich alternativ wieder in der Handelsmarine einschreiben, seine Schwester hat aber seine Lizenz beim Aufräumen ihrer Wohnung verloren. Nach einem Besuch bei seinem schwerkranken Vater, der auch ein toter Lebendiger und der Sprache nicht mehr mächtig ist, kehrt er zurück ins Gaslight Cafe. Es liegt die Vermutung nahe, dass der vom Tod gezeichnete Vater auch Doppelgängerfunktion hat. Im Gaslight Cafe singt er die beiden bereits weiter oben erwähnten Songs. Dass er von dem fremden Mann außerhalb des Cafés erneut, wie zu Beginn des Filmes, zusammengeschlagen wird, verweist einmal mehr auf eine gefürchtete mangelnde Überlebenschance Llewyns. Dass er den sich entfernenden Mann in einer Szenensequenz am Endes des Films mit „Au revoir“ verabschiedet, bedeutet, der oben dargelegten Interpretation folgend, dass er nicht an ein Überleben ohne Mike glaubt, denn darin implizit ist auch, dass sich die Szene mit dem fremden Mann durchaus wiederholen kann.

Auf der Reise nach Chicago, die Llewyn gemeinsam mit dem drogenabhängigen Jazzmusiker Roland Turner und dessen Begleiter Johnny Five zurücklegt, spricht er von seinem toten Freund. Turner macht sich lustig über die Beziehung Llewyns mit Mike, indem er meint, die George-Washington-Brücke, von der Mike in den Tod gesprungen war, sei nicht die geeignete Selbstmörderbrücke. Wenn Llewyn Turner später inmitten eines stark befahrenen Highways bei Regen und bei Schneeschauern im Auto zurücklässt, um allein per Anhalter nach Chicago zu reisen, rächt er sich an dem uneinfühlsamen Turner, der mit seiner Äußerung indirekt Llewyns Verwandlung über die Inkorporation seines Freundes missachtet hat. Vorher war der Fahrer des Autos, in dem Llewyn und Turner reisten, von der Polizei verhaftet worden, weil er sich geweigert hatte, auf Befehl der Polizei weiter zu fahren und nicht am Rande der Autobahn Halt zu machen. Diese Szene, in der Llewyn Turner allein im Auto zurücklässt, erinnert an die Sequenz, in der Mrs. Gorfein im Song *Fare Thee Well* den Gesangspart von Mike übernimmt und damit indirekt Llewyns Unfähigkeit zur Introjektion benennt. und er überstürzt deren Wohnung verlässt.

Das von der Inszenierung gewollte Spiel mit der Katze, die in der Tat niedlich anzusehen ist, lenkt von Llewyns Verzweiflung ab, seiner mangelnden Orientiertheit im Leben und seiner Unfähigkeit über den Tod des Freundes zu trauern. Vorübergehend, insbesondere in den Eingangsszenen, wenn sie miauend am Bett des Protagonisten sichtbar wird, erlaubt sie der Interpretin eine Verschnaufpause bei der Nachzeichnung des toten Überlebenden Llewyn Davis. Die Katze, mit der auf dem Arm Llewyn durch die winterlichen Straßen des Village streift, mindert den Eindruck von Verlorenheit und Ziellosigkeit, dem Tragikomik nicht abzusprechen ist, die auch die Sequenz bestimmt, in der Llewyn erfährt, dass die bisher namenlose Katze Ulysses heißt. Mit der für Llewyn unerwarteten Namensnennung der Katze verankern die Coens seine Tragik im Komischen, ohne jedoch die Tragik zu bagatellisieren. Indirekt stellen sie mit dieser Namensgebung eine Verbindung her zum tragikomischen Protagonisten Ulysses McGill aus dem Film *O Brother, Where Art Thou.* Diese Wendung verleiht der Katze doch noch den Status eines Protagonisten, mit dem ihr von den Brüdern zugewiesenen Platz im Spiel von Tragik und Komik.

AUF DER SUCHE NACH DEM HÖHLENHAUS DER TRÄUME: O BROTHER, WHERE ART THOU? (2000)

Inhalt und Einführung

Der Song vom *Big Rock Candy Mountain* ist Teil der Diegese des Films *O Brother, Where Art Thou?*. Er trägt wesentlich zur Konstituierung des bildlichen Narrativs bei. Der Film ist im ländlichen Mississippi während der Weltwirtschaftskrise 1937 angesiedelt. Die Sträflinge Ulysses Everett McGill (George Clooney), Pete Hogwallop (John Turturro) und Delmar O'Donnell (Tim Blake Nelson) entfliehen aus einer Chain Gang (einer Gruppe aneinandergeketteter Sträflinge) und begeben sich auf die Suche nach einem 1,2 Millionen Dollar schweren Schatz, den Ulysses vermeintlich geraubt und an einem unbekannten Ort versteckt hat. Sie haben wenig Zeit für ihre Suche, da das Tal, in dem sich die Beute befindet, in vier Tagen wegen eines Staudammprojektes geflutet werden soll. Im Verlauf ihrer Flucht teilt Ulysses seinen Begleitern mit, dass es keinen Schatz gibt. Dass er die beiden zur Flucht veranlasste, um bei Zeiten seine Frau Penny (Holly Hunter) zu treffen, die dabei ist, sich wieder zu verheiraten. Tatsächlich hat Everett keinen Raub verübt, sondern war verurteilt worden, weil er ohne Zulassung als Anwalt tätig war. Zu Beginn des Films stehlen die drei Sträflinge, die noch mit ihren Ketten aneinandergefesselt sind ein Huhn, das sie genüsslich verspeisen, um dann auf einen fahrenden Zug aufzuspringen. Da Pete den Aufsprung nicht schafft, zerrt er Everett und Delmar von dem fahrenden Zug wieder herunter. Ein Verwandter von Pete nimmt ihnen die Ketten ab, verpfeift sie aber zugleich beim Sheriff, der sie nun auf ihrer Wanderung durch das ausgetrocknete Mississippi Tal verfolgt. In einer der letzten Szenen, als Ulysses mit seinen beiden Begleitern in sein Haus zurückkehren will, um den Trauring seiner Ehefrau aus einer Kommode zu holen und erneut heiraten zu können, werden sie vom Sheriff gestellt. Die Schlingen, an denen die Drei erhängt werden sollen, baumeln über ihren Köpfen, während bereits drei Gräber ausgehoben werden, als das Tal überflutet wird und das Wasser scheinbar alles mit sich reißt. Ulysses, Pete und Delmar können sich jedoch aus den Fluten retten. Ulysses aber hat den gesuchten Ehering nicht gefunden. Penny weigert sich deshalb, ihn wieder zu heiraten.

Diskrepanz zwischen Bild und Musik: Humor in O Brother, Where Art Thou?

Die Verurteilung zur Strafarbeit in einer Chain Gang war in den 30er Jahren überwiegend in den Südstaaten der USA eine gängige Maßnahme. Der Film *I Am A Fugitive From A Chain Gang* aus dem Jahr 1932 basierte auf der Autobiografie von Robert Elliot Burns, der in Georgia zehn Jahre lang zur Arbeit in einer Chain Gang verurteilt worden war. Später stellte sich heraus, dass seine Verurteilung auf einem Justizirrtum beruhte. Der sozialkritische Film noir erreichte, dass verschiedene US Staaten diese brutale Form der Strafe abschafften (Arribas 2011, S. 30 f.). Carter Burwell (2003), der mit Ausnahme der Musikkomposition von *O Brother* und *Inside Llewyn Davis* für den Soundtrack in allen Coen-Filmen verantwortlich ist, macht auf die Bedeutung filmisch musikalischer Gestaltung aufmerksam: „Diese Art, ein musikalisches Thema diegetisch zu verwenden, schafft den Aspekt eines Märchens […]. Dies meint, dass nicht intendiert ist, etwas über die Realität auszusagen; es ist ein Film." (S. 199; Übers. M. Z.) Ich erwähne diese Aussage des Komponisten deshalb, weil ich darauf aufmerksam machen will, dass es den Coen-Brüdern keineswegs um eine sozialkritische Analyse des amerikanischen Strafvollzugs insbesondere der 1930er Jahre in Form der Verurteilung zur Arbeit in einer Chain Gang geht. Sie kreieren über die Verwendung der Musik ein Märchen, das an vielen Stellen unter dem Lachen das Leiden spürbar werden lässt.

Wie in keinem der anderen Coen-Filme entwickelt sich der Fortgang der Handlung von *O Brother, Where Art Thou?* über die Hörwelt. T-Bone Burnett, selbst Rocksänger, Gitarrist und Produzent ist verantwortlich für den Soundtrack, der aus einer Mixtur amerikanischer Blue Grass-Musik, Blues und Gospel besteht und der von Tod, Überleben, Sex und der Illusion von einem besseren Leben handelt. In einem Interview, das Jim Ridley mit den Brüdern Coen im Mai 2000 führte, ist zu erfahren, dass der Soundtrack entstand, bevor der Film gedreht wurde. Joel Coen führt dazu aus, dass der instrumentelle Anteil an den Songs teilweise bereits vor dem Gesang entstand. Ethan Coen bestätigt diese Bedeutung der Musik im Interview mit Ridley, wenn er betont, dass es sich bei der Musik in *O Brother* nicht um Hintergrundmusik handele, sondern, dass Musik direkt vor der Kamera aufgenommen werde (ebd.). Bei den Sängern und Sängerinnen handelt es sich – so Joel Coen – teilweise um berühmte Stars, wie beispielsweise

Ralph Stanley, der *O Death* singt, oder Dan Timinisky mit dem Song *I Am A Man Of Constant Sorrow*. Einer der Schauspieler, Tim Blake Nelson, der im Film Delmar darstellt, singt den Song *In The Jailhouse Now*. Im Mai und Juni 1999 wurde der Soundtrack in Nashville aufgenommen. Die New York Times schilderte das Treffen von bekannten und berühmten Sängern und Sängerinnen der Country- und Blue Grass-Musik, von Gospel und Volksballaden der Appalachen wie das Lied *I Am A Man of Constant Sorrow*, das Joel Coen als wesentliches Thema des Films versteht, als heiteres Zusammenkommen. Dan Tyminski singt die Ballade vom Mann, der in beständiger Trauer lebt. Seine Frau äußerte sich amüsiert über die Darbietung von Clooney, dass sich für sie eine Fantasie realisiere, wenn die Stimme ihres Mannes aus Clooneys Körper komme. Clooney stellt im Film Ulysses Evertt, den *Man of Constant Sorrow*, mit der Stimme von Tyminski dar. Die Filmästhetik des narrativen Films – und darum handelt es sich bei *O Brother, Where Art Thou?* – besteht aus Bildern, Bildersequenzen, aus einer Aufeinanderfolge von Szenen und einer spezifischen Verwendung von Musik, die darin besteht, dass die Filmemacher in vielen Szenen eine „Disparität zwischen dem Rhythmus des Tones [sound] und dem Bild" (Bordwell u. Thompson 2001, S. 303; Übers. M. Z.) schaffen. Carter Burwell (2003) hatte auf zwei Funktionen der Musik im Film aufmerksam gemacht; einmal diene sie dazu, Informationen über die Protagonisten, die Geschichte, den Plot und die Motive (motifs) bereit zu stellen, zum anderen auch dazu, implizite und bewusst nicht zugängige Verbindungen zur Geschichte herzustellen. Die Vermittlung von Gefühlen durch den Einsatz von Musik gebe dem Publikum ein wohliges Empfinden und sorge für Orientierung.

McClintock veröffentlichte den Song vom *Big Rock Candy Mountain* unter seinem Hobo-Namen Haywire Mac. Hobos sind amerikanische Wanderarbeiter des späten 19. Jahrhunderts und der dreißiger Jahre des 20. Jahrhunderts während der Weltwirtschaftskrise. Es gibt auch eine Reihe anderer Songs, die von der Wanderung der Hobos handeln wie *Hobo`s Paradise, Hobo Heaven, Sweet Potato Mountains und Little Streams of Whiskey*, der Song *The Big Rock Candy Mountain* stellt eine moderne Version des mittelalterlichen Cockaigne dar, einem Schlaraffenland, das „den Traum des Bauern [beinhaltete], mit dem er Erleichterung von Knochenarbeit und dem täglichen Kampf um das ärmliche Essen"[12] versprach. Neben

12 en.wikipedia.org/wiki/Cockaigne (Übers. M. Z.).

der Version, die McClintock in *O Brother* singt, existieren auch Kinderversionen, in denen die Zigarettenbäume zu Pfefferminzbäumen und der Whiskey-See zu einem See wird, der mit Sodawasser angefüllt ist.

Burwell verweist auf den Unterschied zwischen Hören und Sehen und führt dazu aus: „Die Musik hat nichts mit dem zu tun, was irgendjemand auf der Leinwand tut. Dies impliziert, dass sich etwas tut, was auf der Leinwand nicht zu sehen ist, es geschieht etwas anderes“ (Burwell 2003, S. 196; Übers. M. Z.), von dem die Protagonisten keine Kenntnis haben. Mit der Diskrepanz zwischen den Bildern und den Tönen erreichen die Coen- Brüder, Leiden in Komik zu verwandeln bzw. dem Leiden mit Humor zu begegnen. Die Konfrontation zwischen Bild und Musik löst im Zuschauer oder der Zuschauerin Lacher aus. Tatsächlich ist die Situation der drei entflohenen Sträflinge keineswegs komisch, sie ist tatsächlich gefährlich – sie könnten ja wieder verhaftet werden. Selbst ihr Scheitern beim Aufspringen auf den fahrenden Güterzug ist nicht wirklich komisch. Aber die Musik, die zwar in diesen Szenen nicht mehr zu hören ist, die aber meines Erachtens trotzdem Teil am Geschehen hat, verbannt das Scheitern der drei Sträflinge in das Reich des Komischen. Die These, die ich in meinem Buch *Das Höhlenhaus der Träume* (2007) vertrete, dass Film nicht nur gesehen, sondern auch gegessen (verschluckt) wird, erfährt über die Bedeutung des Hörens eine Erweiterung um die auditive Sinnesqualität. Im Folgenden soll das von Burwell erwähnte Märchen, das ja durch die Verwendung der Musik zustande kommt, mit der Metapher vom Höhlenhaus beschrieben werden. In jedem Fall, ob es sich nun um ein Märchen handelt oder ob die Kontrastierung der Musik mit den Bildern Komik vermittelt, ist festzuhalten, dass es in beiden Fällen darum geht, Leiden fernzuhalten.

Um dem Märchen vom Schlaraffenland auf die Spur zu kommen und dieses psychoanalytisch zu erschließen, beziehe ich mich auf die kreative Arbeit von René Spitz aus dem Jahr 1955. Was Spitz über die Mundhöhle, „die Welt der Urhöhle“ (ebd., S. 665) ausführt, lässt sich ausgezeichnet auf die Funktion der Kinohöhle übertragen. Die Urhöhle ist, so Spitz „undeutlich, unbestimmt, zugleich lustvoll und unlustvoll“ (ebd., S. 665). Sie überbrückt den Gegensatz zwischen Innen und Außen „zwischen Passivität und Aktivität. Die ersten Sinneserlebnisse von Ereignissen, die in der Urhöhle stattfinden, werden auf dem Niveau des Primärprozesses verarbeitet und führen doch zur Entwicklung des Sekundärprozesses.“ (Ebd., S. 665) Der dunkle Kinosaal kann als Urhöhle fungieren, in dem die Zuschauer Lust und Unlust erleben und in dem Innen und Außen, Aktivität und Passivität nicht voneinander zu unterscheiden sind. Das Wahrnehmen von Film unterliegt überwiegend dem Primärprozess; erst wenn die Zuschauer die Kinohöhle verlassen, folgen ihre Gedanken und Einfälle dem Sekundärprozess. Der Zuschauer in der Filmhöhle kommt dem Säugling in der Füttersituation gleich. Burwell (2003) hatte im Zusammenhang mit der Funktion der Musik ausgeführt, sie stelle ein Gefühlsbad dar, das die Zuschauer hinwegschwemme. Wenn der Zuschauer und die Zuschauerin ins Kino gehen, dann begeben sie sich in die Welt der Urhöhle, in der taktile, visuelle und akustische Sinneswahrnehmungen, außerdem Geruch, Schmerzempfindungen und Tiefensensibilität nicht voneinander unterschieden werden. Über die Kombination von Innen- und Außenwahrnehmung wird der Film – in Abwandlung eines Satzes von Spitz – einerseits passiv hingenommen, aber auch aktiv wahrgenommen (gesehen). Nacht für Nacht kehrt das Subjekt in die Passivität des Schlafes zurück, dabei kommt es zur Wiederbelebung des Primärprozesses „und die Urhöhle wird zum Höhlenhaus der Träume" (Spitz 1956, S. 666).

Der französische Filmtheoretiker Baudry (1975) hat mit seiner Apparatustheorie, eine primitive, in der oralen Phase beheimatete Weise der Projektion und des Sehens von Film entworfen. Baudry (1975) geht davon aus, dass der Wunsch des Subjekts, kurzfristig zu einem frühen oralen Entwicklungsstadium zurückzukehren, in dem die Grenzen zwischen Innen und Außen, dem Körper und der Außenwelt noch fließend sind, dazu führt, dass es einen Kino-Apparat erschafft, der in der Lage ist, mit seiner Projektion dem Kino-Subjekt kurzzeitig das Genießen von verlorener und zugleich herbeigesehnter Lust zu ermöglichen. Was Baudry für das Filmschaffen allgemein ausführt, lässt sich gut mit meiner These verbinden, dass die entflohenen Sträflinge im Höhlenhaus Schutz vor der Verfolgung durch den Sheriff suchen. Scharfsinnig und einfühlsam hat Lou Andreas-Salomé bereits 1912 auf die Bedeutung des Kinos für menschliches Erleben verwiesen (vgl. Zeul 1994). Überlegungen über die Zukunft des Kinos anstellend, kommt sie zu dem Schluss, „ob nicht diese Rücksicht auf unsere seelische Konstitution, die Zukunft des Filmtheaters bedeuten könnte" (zit. n. Baudry 1975, S. 1049f.). Es sei festgehalten, dass es sich bei Lou Andreas-Salomés Überlegungen nicht um die seelische Konstitution des Filmes oder des Zuschauers handelt, sondern vielmehr um ein Zusammenpassen von beiden. Die seelische Konstitution, auf die das Kino Rücksicht nimmt, steht hier unter dem Stichwort des Begehrens und des „Höhlenhauses der Träume“, dem *Big Rock Candy Mountain*, zur Diskussion. Platons Höhle als Ort der Projektion, die Gefangenen, die Subjekte dieser Projektion sind und die ihrerseits Wahrnehmungen mit Vorstellungen verwechseln, finden sich wieder in den Wahrnehmungen der entflohenen Sträflinge, die über das Eintauchen in den Song *Big Rock Candy Mountain* diese mit ihren Vorstellungen verwechseln. Filmisch wird dies möglich durch das Auseinanderklaffen der Botschaften der Bilder und der Musik.

The Big Rock Candy Mountain: Zwischen der Suche nach grenzenlosem Glück und der Unmöglichkeit, das Höhlenhaus zu finden

Mit den Überlegungen zum Film als Höhlenhaus der Träume, wie es die Verwendung des Hobo-Songs *Big Rock Candy Mountain* nahelegt, lässt sich die These formulieren, dass der *Big Rock Candy Mountain* eine Projektion unserer Filmhelden darstellt, in denen sie ihre Wahrnehmungen mit Vorstellungen verwechseln. Sie befinden sich tatsächlich in einer misslichen Lage. Der Film inszeniert diese eindrücklich in seinem Vorspann, in dem die Gefangenen einer Chain Gang in ihrer gestreiften Gefängniskleidung Steine klopfen und den Song *Po Lazarus* singen, in dem eine Realität zum Ausdruck kommt, der auch die Flüchtlinge ausgesetzt waren und noch sind, wenn der Sheriff sie wieder verhaften sollte. In dem Song wird Lazarus vom Sheriff gesucht, der ihn verhaften will. Weshalb er verhaftet werden soll, bleibt offen. Der Gesuchte versteckt sich unter einem Felsen. Als der Sheriff ihn findet, erschießt er Lazarus, obgleich dieser seine Unschuld beteuert hatte. Später wird der arme alte unschuldige Lazarus mit seinen, für alle sichtbaren Wunden, vor dem Polizeikommissariat „ausgestellt“. Im Vorspann zu *O Brother* singen die Gefangenen der Chain Gang:

„Well, the high sheriff
told his deputy
want you go out and bring me Lazarus
Well, the high sheriff
told his deputy
I want you go out and bring me Lazarus
Bring him dead or alive

Lawd, Lawd
Bring him dead or alive
Well the deputy he told the high sheriff
I ain't gonna mess with Lazarus
Well the deputy he told the high sheriff
Says I ain't gonna mess with Lazarus
Well he's a dangerous man
Lawd, Lawd
He is a dangerous man
Well then the high sheriff, he found Lazarus
He was hidin' in the chill of a mountain
Well the high sheriff, he found Lazarus
He was hidin' in the chill of a mountain
Well the high sheriff, found Lazarus
He was hidin' in the chill of a mountain
With his head hung down
Lawd, Lawd
With his head hung down
Well then the high sheriff, he told Lazarus
He says Lazarus I come to arrest you
Well, then the high sheriff he told Lazarus
He says Lazarus I come to arrest you
Well the high sheriff, told Lazarus
Says Lazarus I come to arrest you
And bring ya dead or alive
Lawd, Lawd
Bring you dead or alive
Well then Lazarus, told the high sheriff
Says I never been arrested
Well Lazarus, told the high sheriff
Says I never been arrested
By no one man
Lawd, Lawd
By no one man
And then the high sheriff, he shot Lazarus
Well he shot him mighty big number
Well the high sheriff, shot Lazarus

Well he shot him with a mighty big number
With a forty five
Lawd, Lawd
With a forty five
Well then they take old Lazarus
Yes they laid him on the commissary galley
Well they taken poor Lazarus
And he laid him on the commissary galley
He said my wounded side
Lawd, Lawd
My wounded side“[13]

Der Song *Big Rock Candy Mountain*, der unmittelbar nach *Po Lazarus* den Vorspann des Films begleitet und eines der Leitmotive des Films ist, lässt sich als Projektion der Flüchtenden lesen – ich hatte weiter oben bereits darauf aufmerksam gemacht –, die über eine Regression in das Höhlenhaus der Träume vorübergehend Erleichterung von der Angst vor dem Sheriff verschafft, der anstelle zu fragen und zu hören, schießt. Im Höhlenhaus der Träume, dem *Big Rock Candy Mountain* legen die Hühner bereits weichgekochte Eier, die Zigaretten wachsen an den Bäumen, ein See ist randvoll mit Whiskey gefüllt, die Gefängnisse sind aus Blech, sodass man sie jederzeit verlassen kann und die Beine der Polizisten sind aus Holz:

„One evening as the sun went down
And the jungle fires were burning,
Down the track came a hobo hiking,
And he said, 'Boys I am not turning
I'm headed for a land that's far away
Besides the crystal fountains
So come with me, we'll go and see
The Big Rock Candy Mountains'

In the Big Rock Candy Mountains,
There's a land that's fair and bright,

13 James Carter & The Prisoners, Po Lazarus; http://www.slyrics.com/lyrics/o-brotherwhereartthou/polazarus.htm.

Where the handouts grow on bushes
And you sleep out every night.
Where the boxcars all are empty
And the sun shines every day
And the birds and the bees
And the cigarette trees
The lemonade springs
Where the bluebird sings
In the Big Rock Candy Mountains

In the Big Rock Candy Mountains
All the cops have wooden legs
And the bulldogs all have rubber teeth
And the hens lay soft-boiled eggs
And farmers' trees are full of fruit
And the barns are full of hay
Oh I'm bound to go
Where ain't no snow
The winds don't blow
Where the rain don't fall
In the Big Rock Candy Mountains

In the Big Rock Candy Mountains
You never change your socks
And the little streams of alcohol
Come trickling down the rocks
The brakemen have to tip their hats
And the railway bulls are blind
There's a lake of stew
And of whiskey too
You can paddle all around it
In a big canoe
In the Big Rock Candy Mountains

In the Big Rock Candy Mountains,
The jails are made of tin.
And you can walk right out again,

As soon as you are in.
There ain't no short-handled shovels,
No axes, saws nor picks,
I'm bound to stay
Where you sleep all day,
Where they hung the jerk
That invented work
In the Big Rock Candy Mountains

I'll see you all this coming fall
In the Big Rock Candy Mountains"[14]

In den ersten Bildern des Films ist bereits zu sehen, dass die Beine der Polizisten nicht aus Holz sind, sondern dass sie sogar hoch zu Pferd sitzend, die Gefangenen bei ihrer Schwerstarbeit bewachen. Diese ersten Bilder und der Song *Po Lazarus* der Gefangenen stehen in krassem Gegensatz zu den Bildern und der Musik des Vorspanns, wenn die drei Sträflinge Ulysses, Pete und Delmar auf der Jagd nach einem Huhn zu sehen sind, das sie schließlich genüsslich verspeisen, während der Hobo-Song des Harry McClintock vom *Big Rock Candy Mountain* erklingt. Will doch der Song scheinbar ganz und gar nicht zu dem passen, was in den Bildern zu sehen ist. Diese Konfrontation mit den Bildern der hungrigen, sich auf der Flucht befindenden Sträflinge und der Musik, die vom Traum vom Schlaraffenland handelt, verbannt ihre Situation in das Reich des Komischen, zugleich aber unterstreicht sie auch die gefährliche Lage, in der sich die drei Männer befinden, die beständig vom Sheriff verfolgt werden. Ein Hobo hatte im Song zum Aufbruch in das Paradies eingeladen: „Eines Abends, als die Sonne unterging und die Lagerfeuer brannten, kam ein Hobo des Weges und sagte: ‚Jungs ich gehe in ein Land, das weit entfernt ist […], kommt mit mir, wir nähern uns dem Big Rock Candy Mountain'."[15] Diese Szene unterstreicht die Komik der weiteren Szenen, wenn die Drei mit den Ketten aneinander gefesselt durch ein Kornfeld laufen und versuchen, auf einen fahrenden Güterzug aufzuspringen. Viele Hobos der 1930er Jahre, aber

14 Harry McClintock, Big Rock Candy Mountain; http://lyrics-keeper.com/de/harry-mcclintock/big-rock-candy-mountain.html.

15 Ebd.; (Übers. M. Z.).

auch Soldaten, die aus dem amerikanischen Bürgerkrieg zurückkehrten, sprangen auf fahrende Güterzuge auf. Noch mit den Ketten mit seinen Gefährten verbunden, gelingt Ulysses der Sprung in den Eisenbahnwagon. Nachdem er die Wagonöffnung erreicht hat, baut er sich stolz vor den müde an Säcke gelehnten Hobos auf, die blick- und teilnahmslos registrieren, dass ein neuer Passagier an Bord ist, und fragt, ob unter ihnen ein Schmied sei. Als er darauf keine Antwort erhält, fragt er, ob vielleicht unter ihnen einer sei, der die Metallverarbeitung erlernt habe. Im gleichen Augenblick zerren ihn seine beiden Gefährten, die den Sprung auf den Zug nicht geschafft haben, an den Ketten aus dem Wagon. Statt Mitleid mit den Helden, kommt im Zuschauer Lachen über das inszenierte Missgeschick auf.

Auch die abenteuerliche Wanderung von Ulysses, Pete und Delmar durch das ausgetrocknete Tal des Mississippi erfährt durch die ausgiebige Verwendung der Country-Songs märchenhaften Charakter, der seinen Höhepunkt in der Rettung der drei Sträflinge aus den Wassern des überfluteten Tales erfährt. In einer großartigen Szenensequenzinszenieren die Coens die vom Sheriff angedrohte Erhängung der drei Sträflinge, die vor den bereits ausgehobenen Gräbern stehen, dann auf die Knie sinken und um Gnade bitten, während die *Fairfield Four* den Song vom *Lonesome Valley* singen, womit natürlich das Grab gemeint ist. Just in diesem Augenblick wird das Tal überflutet und Ulysses, Pete und Delmar finden sich in einem riesigen „Wassergrab" wieder, aus dem sie sich schließlich retten können. Auch das Wassergrab repräsentiert das Höhlenhaus der Träume.

Ulysses, Pete und Delmar bestehen weitere gefährliche Abenteuer. Sie gelangen jedoch nicht zu ihren gewünschten Zielen. Ulysses' sehnlichster Wunsch ist es, seine Frau Penny wiederzusehen, die im Begriff ist, einen anderen zu heiraten. Pete möchte mit dem Schatz in Kalifornien ein eigenes Lokal aufmachen, in dem die Gäste und die Kellner ihn „Sir" nennen. Delmar wünscht sich, die versteigerte Farm seiner Eltern zurückzukaufen. Dass die Drei nie zum Ziel gelangen, liegt darin begründet, dass die Verwechslung von Wahrnehmung und Vorstellung aufrechterhalten wird. Würde beides in Eins fallen, dann verlöre das Versprechen des *Big Rock Candy Mountain* seine Bedeutung als nie erreichbares Schlaraffenland. Aus dieser Perspektive kann Ulysses nicht den „richtigen" Ehering von Penny finden. Er bleibt vielmehr auf der Suche nach dem Land seiner Träume, dem *Big Rock Candy Mountain,* dem Höhlenhaus der Träume.

Was aus Pete und Delmar wird, lässt der Film offen. So inszenieren die Coens mit dem Song vom *Big Rock Candy Mountain* eine doppelte Botschaft: einerseits die Suche nach der Verwirklichung regressiver Wünsche von Glück und grenzenlosem Wohlbefinden, und zugleich die Unmöglichkeit, das Höhlenhaus der Träume zu finden. Die Szene, in der Ulysses seinen Song *Man of Constant Sorrow* bei einer Radiostation, die von einem Blinden geleitet wird, vorträgt, führt einerseits durch die Konfrontation von Ton und Bild zur Komik, aber auch zu Leid und Traurigkeit (sorrow), die sich bisher hinter der Komik verborgen haben. Als Leadsänger der Band *Soggy Bottom Boys*, als die Ulysses, Delmar, Pete und der schwarze Gitarrist Tommy sich ausgeben, singt Ulysses von seinem unausgesetzten Leid, und dass er viel Beunruhigendes gesehen habe. Er verabschiedet sich von Kentucky, wo er geboren und aufgezogen wurde. Die zweite Strophe beginnt damit, dass er sechs lange Jahre in Sorge lebte, dass er kein Vergnügen auf der Welt fand, denn er sei dazu verurteilt, umherzuwandern, er habe keine Freunde, die ihm helfen. Offensichtlich wendet er sich mit der letzten Strophe an seine Geliebte, wenn er davon singt, dass ihre Freunde dächten, er sei ein Fremder. „Du wirst mein Gesicht nicht mehr sehen, aber es gibt ein Versprechen, wir werden uns an Gottes goldenem Ufer wiedertreffen." Im Gegensatz zur Botschaft der Bilder, die von Ulysses Suche nach seiner Frau handeln, spricht die Musik von Tod und Abschied:

I am a man of constant sorrow
I've seen trouble all my days
I bid farewell to old Kentucky
The place whre I was born and raised
For six long years I've been in trouble
No pleasure here on earth I found
For in this world I'm bound to ramble
I have no friends to help me now

Maybe your friends think I'm just a stranger
My face you'll never see no more
But there is one promise that is given

I'll meet you on God's golden shore[16]

Ein weiteres Mal erklingt der Song, als die inzwischen im ganzen Land bekannten Soggy Bottom Boys bei der Wahlparty von Homer Stokes, dem Gegenkandidaten vom amtierenden Gouverneur des Staates Mississippi, Pappy O'Daniel auftreten. Unter den Zuschauern ist auch Penny, Ulysses Frau, die er kurz zuvor wieder getroffen hatte., Allerdings wird sie begleitet wird von ihrem neuen Liebhaber, der sie am nächsten Tag heiraten will. Direkt an Penny gewandt singt Ulysses eine weitere Strophe aus dem Song:

„It's fare you well, my own true lover
I never expect to see you again
For I'm bound to ride that northern railroad
Perhaps I'll die upon this train"

Möglicherweise hatte Joel Coen, als er im Interview mit Jim Ridley (2000) auf die überragende Bedeutung des Songs *Man of Constant Sorrow* für den Film *O Brother* aufmerksam machte, eben die doppelte Botschaft im Sinn, die insbesondere aus der intensiven Verwendung von Musik erwächst. Der Song vom *Big Rock Candy Mountain* hält dabei das Versprechen von unbegrenztem Glück und Wohlbefinden aufrecht und macht zugleich deutlich, dass es nie eingelöst werden kann.

THE TUMBLING TUMBLEWEED: THE BIG LEBOWSKI (1998)

Hintergrund

Für die Inszenierung der Figur des Dude (Jeff Bridges) im Film *The Big Lebowski* greifen die Coens auf eine real existierende Person zurück, nämlich auf den Filmproduzenten und politischen Aktivisten Jeff Dowd, der außerdem Gründungsmitglied des Sundance Filmfestivals war. Die Coen-Brüder hatten Dowd kennengelernt, als sie sich bei den Vorbereitungen für

16 http://www.metrolyrics.com/i-am-a-man-of-constant-sorrow-lyrics-soggy-bottom-boys.html.

ihren ersten Film *Blood Simple* befanden. Dowd gehörte der Gruppe der *Seattle Liberation Front* an, die die Rolle er USA im Vietnamkrieg kritisierte und mit Demonstrationen und Veranstaltungen ihrem Protest Ausdruck verlieh. Mit 18 Jahren trat Dowd der Gruppe bei und gehörte den *Seattle Seven* an. Im Film erzählt The Dude (Jeff Bridges) Maude (Julianne Moore), dass er ein Mitglied der *Seattle Seven* war. Auch für das Auftreten der Nazi-Deutschen als Gangster, die hinter dem Geld des Millionärs Jeffrey Lebowski her sind, und die den Dude, der ebenfalls Jeffrey Lebowski heißt für den Millionär halten, finden sich Hinweise in der Geschichte von Jeff Dowd. Während eines Prozesses gegen die Kriegsgegner *The Chicago Seven* breiteten Dowd und seine Partner auf der Bank des Richters eine riesige Nazifahne aus, um diesen „wie einen guten Deutschen" zu kennzeichnen. Der Name des Protagonisten „The Dude" geht auf den Spitznamen von Jeff Dowd zurück. Er berichtet, dass Schulkameraden ihn so nannten, weil Dude in gewisser Weise ähnlich klang wie sein Nachname Dowd. Die Figur des Vietnamveteranen Walter Sobchak (John Goodman) ist inspiriert vom Filmproduzenten, Regisseur und Drehbuchautor John Milius, der außerdem über Jahre gemeinsam mit Charlton Heston dem Vorstand der NRA (National Rifle Association) angehörte und ein Liebhaber von Schusswaffen ist. Laut Ethan Coen entwickelt sich der Film wesentlich um die Beziehung zwischen dem Dude und Walter. Er vergleicht die Verbindung dieses Paares mit der Beziehung zwischen Barton Fink und Charlie Meadows.

Nach einer verhalten aufgenommenen Uraufführung des Films am 18. Januar 1998 beim Sundance Film Festival wurde er ab dem Jahr 2002 zum Kultfilm. In diesem Jahr wurde in Louisville, Kentucky, das Lebowski-Fest ins Leben gerufen, das seitdem jährlich in verschiedenen Städten stattfindet und bei dem gelegentlich auch Darsteller des Films anwesend waren[17].

Inhalt

Im Voice-over führt ein älterer Mann in Cowboy-Kleidung, der als „Stranger" (Sam Elliot) bezeichnet wird, in den Film ein und kennzeichnet den Dude als den richtigen Mann am richtigen Ort und zur richtigen Zeit. Nachdem der Dude im Supermarkt, bekleidet mit einem Bademantel und

17 https://en.wikipedia.org/wiki/Lebowski_Fest.

Pantoffeln seine Lieblingsmilch eingekauft hat, wird er bei seiner Rückkehr nach Hause von Ganoven empfangen, die ihn für den Millionär Jeff Lebowski halten, ihn mit dem Kopf in seine Toilette tunken und von ihm das Geld verlangen, das angeblich seine Frau einem Mann namens Jackie Teehorn (Ben Gazzara) schuldet. Unverrichteter Dinge verlassen die Ganoven die Wohnung des Dude; vorher uriniert jedoch einer von ihnen auf seinen Teppich. Später, beim Bowling mit seinen Freunden Walter Sobchak (John Goodman) und Donny (Steve Buscemi), berichtet der Dude entsetzt nicht etwa von dem Überfall, sondern vom Umstand, dass einer der Ganoven auf seinen Teppich uriniert hat. Die weitere Filmhandlung wird dann bestimmt durch seine Suche nach einem neuen Teppich. Deshalb begibt sich der Dude – auf den Rat von Walter – zu seinem Namensvetter Jeff Lebowski, „The Big Lebowski“ (David Handleston), einem im Rollstuhl sitzenden Millionär, um einen neuen Teppich zu verlangen. Als der Dude unter Schimpfworten vom Millionär des Zimmers verwiesen wird, weil er – so der ältere Lebowski – keiner Arbeit nachgehe und sich bewusst sein müsse, dass seine Revolution vorüber sei, nimmt er einen der kostbaren Teppiche des Millionär-Haushaltes mit. Später wird er telefonisch zum Millionär gebeten, um den Entführern von Bunny (Tara Reid), seiner jungen Ehefrau, das Lösegeld in Höhe von einer Million Dollar zu übergeben. Walter hat die Idee, einen Koffer mit seiner schmutzigen Unterwäsche den Entführern zu überlassen und das Lösegeld zu behalten. Es befindet sich in Dudes Auto, das gestohlen wird. Die Polizei findet das ramponierte Auto und übergibt es seinem Besitzer. Der Koffer mit dem Geld ist jedoch verschwunden. Die Tochter des alten Lebowski, Maude, (Julianne Moore) teilt dem Dude später mit, dass die Tasche, die angeblich die Million Dollar enthielt, leer war. Tatsächlich verwalte ihr Vater lediglich die Stiftung seiner ersten Frau; dafür werde er bezahlt. Er verfüge über wenig Mittel und habe Geld für seine Zwecke entwendet. Später beschuldigen sich der ältere Lebowski und der Dude wechselseitig, das Lösegeld, das nie existiert hat, für sich behalten zu haben. Ebenso wenig hat die Entführung Bunnys stattgefunden. Bei einer erneuten Auseinandersetzung mit den Nihilisten, die das Auto des Dude anstecken, erleidet Donny einen Herzinfarkt. Auf einem Hügel oberhalb des Pazifik wollen der Dude und Walter Donnys Asche, die sie in einer Kaffeedose mit sich führen, den Wellen des Pazifik übergeben. Ein starker Wind weht die Asche jedoch nicht in den Pazifik, sondern landeinwärts, sodass die beiden Freunde davon eingehüllt werden.

Einleitende Überlegungen

Dass die Handlung des Films – so erzählt es der Stranger – in der Zeit angesiedelt ist, in der die USA ihre Konflikte mit Saddam und den Irakern hatten, und in einer eingeblendeten Szene Bush sen. im Fernsehen zu sehen ist, der die Angriffe Saddam Huseins auf Kuweit verurteilt, ist ein Scherz der Brüder, der dem im Vorspann zu *Fargo* ähnelt, wenn dort von einer wahren Begebenheit die Rede ist. Tatsächlich rekonstruiert *The Big Lebowski* die 70er Jahre. Während der Einführung in *The Big Lebowski* durch den Stranger ist eine Steppenlandschaft zu sehen, bewachsen mit unterschiedlichen Grasgewächsen. Ein Tumbleweed rollt über dürres Steppengras, an den Häusern von Los Angeles vorbei und über einen Meeresstrand, an dessen Ufer er liegenbleibt. Zugleich ist der Song *Tumbling Tumbleweeds* (Rollende Steppenläufer) zu hören. Das Lexikon der Biologie führt zum Stichwort Steppenläufer aus, dass „Steppenroller, Steppenhexen, Bodenroller, tumbleweed […] Pflanzen offener Grasländer [sind], deren steif kugelförmiges Sprosssystem sich zur Fruchtreife von der Basis löst, als Ganzes durch den Wind über die Bodenoberfläche getrieben wird und dabei seine Diasporen ausstreut (Samenausbreitung)“[18]. Weiter heißt es, dass sich die Steppenroller von vielen Pflanzen ablösen können, z. B. von Amaryllisgewächsen und Mannstreu. Dem, was die Biologie nüchtern und informativ beschreibt, hat der Sänger, Songschreiber und Schauspieler Bob Nolan mit dem Song *Tumbling Tumbleweeds* musikalisch Ausdruck verliehen. Im Jahr 1934 wurde er zum Mitbegründer der Gruppe Sons of the Pioneers, die im Film *The Big Lebowski* von den *Tumbling Tumbleweeds* singen. Ich gehe ich davon aus, dass die einzelnen Strophen des Songs die sich überschlagenden Abenteuer des Dude repräsentieren, die sich wieder und wieder um die bedrohte Aufrechterhaltung seiner Männlichkeit zentrieren. Projektiv beruhigt er seinen Freund, Walter Sobchak, mit den Worten „Take it easy man“. Mit dieser Äußerung spielt er bewusst und unbewusst die Bedeutung herunter, die Männlichkeit für ihn hat. Zugleich verbirgt sich in diesem Satz auch Angst vor dem Verlust seiner Männlichkeit.

Im Song *Tumbling Tumbleweeds* manifestiert sich eine doppelte Botschaft. Einerseits spricht er von Freiheit, denn niemand kann die Tumbleweeds aufhalten oder in eine bestimmte Richtung lenken, andererseits aber

18 http://www.Spektrum.de/lexikon/biologie/steppenroller/63715.

sind sie unlebendig, innen hohl und werden lediglich vom Wind getrieben. Sie stellen das Gegenteil von Eigeninitiative dar.

See them tumbling down
Pleding their love to the ground
Lonely but free I'll be found
Drifting along with the tumbling
Tumbleweeds
Cares of the past are behind
Nowhere to go but I'll find
Just where the trail will wind
Drifting along …
I know it when night has gone
That new world's born at dawn
I keep rolling along
Deep in my heart there's a song
Here on the range I belong
Drifting along …
I know that the night has gone
That new world's born at dawn
I'll keep rolling along
Deep in my heart is a song
Here on the range I belong
Drifting along …[19]

Der Stranger stellt den Dude als den faulsten Menschen in L. A. County vor, wenn ein Wettbewerb für den faulsten Mann ausgeschrieben würde, wäre er sicherlich weit vorn liegen. Zugleich wiederholt er dreimal, dass der Dude ein besonderer Mann sei. Sein Auftreten im Supermarkt lässt ihn nicht als faul erscheinen, sondern unangepasst, eigenwillig, seiner selbst sicher. Mit der Inszenierung des Dude haben die Brüder Coen einen Gegner aller herkömmlichen persönlichen und gesellschaftlichen Normen und Verhaltensweisen der 70er Jahre gestaltet, der sich von anderen männlichen Figuren der Coen-Filme prinzipiell unterscheidet. Er ist nicht der Antiheld,

19 http://www.cowboylyrics.com/lyrics/sons-of-the-pioneers/tumbling-tumbleweeds-13413.html.

der uns aus den meisten Filmen der Brüder bekannt ist, der mit seinen Handlungen und seinem Verhalten sein eigenes Unglück wieder und wieder herbeiführt. Die Weltsicht dieser tragischen Helden ist dem Dude fremd. Obwohl der Name Dude, der Spitzname von Jeff Dowd, von einem politischen Gegner des Vietnamengagements der USA stammt, so bleibt bei der Inszenierung des Jeff Lebowski/Dude der politische Aspekt seiner Handlungen außen vor. Am eindrücklichsten sprechen die sich wiederholenden Strophen der Tumbling Tumbleweeds von seinem bewussten und unbewussten Lebensentwurf: „I know that the night has gone, that new world's born at dawn. I keep rolling along, deep in my heart is a song, here on the range I belong, drifting along with the tumbling tumbleweeds". Die erste Strophe der Tumbling Tumbleweeds gibt musikalisch die Eingangspräsentation des Protagonisten durch den Stranger wieder. „See them tumbling down, pleding their love to the ground, lonely but free I'll be found, drifting along with the tumbling tumbleweeds". Einem einsam dahin rollenden Tumbleweed gleich, treibt es den Dude von einer Situation zur anderen, die zwar teilweise dramatisch sind, vom Dude aber mit Gelassenheit erlebt und kommentiert werden. Von Ganoven überfallen, die auf ihn in seiner Wohnung warteten, bleibt er vom Toilettenwasser tropfend stoisch auf der Klobrille sitzen, als diese unverrichteter Dinge die Wohnung verlassen, nachdem einer von ihnen auf einen abgewetzten Teppich uriniert hat. Zuvor hatte der Dude seine Sonnenbrille, die bei dem Überfall in die Kloschüssel gefallen war, herausgefischt, das Wasser von ihr abgeschüttelt und sie wieder aufgesetzt. Die zweite Strophe der *Tumbling Tumbleweeds* steht eindrücklich für die Szene an der Kegelbahn, die den Dude im Gespräch mit seinen Freunden zeigt „Cares of the past are behind, nowhere to go but I'll find, just where the trail will wind, drifting along with the tumbling tumbleweeds". In einer der nächsten Szenen wird der Dude erneut in seiner Wohnung von den Ganoven überfallen, die den vorher dem Millionär entwendeten Teppich mitnehmen. Noch ein drittes und viertes Mal dringen die Ganoven in die Wohnung des Dude ein. Er hatte es sich in der Badewanne gemütlich gemacht, als die Eindringlinge ihm ein Frettchen in die Wanne werfen, um ihrer Geldforderung Nachdruck zu verleihen. Beim vierten Mal entführen ihn die Ganoven und bringen ihn zu Jackie Treehorn, der in Malibu sowohl dem Makler- als auch dem Pornogeschäft nachgeht. Dieser mischt dem Dude Gift in seinen Drink, sodass er ohnmächtig wird. Er findet sich wieder beim Polizeikommissar von Malibu, der ihn beschuldigt, beim Fest von Treehorn die eingeladenen Gäste beleidigt und belästigt zu haben. Er verweist ihn der Stadt, nicht, ohne ihn vorher zusammengeschlagen zu haben.

Psychoanalytische Interpretation

Die ständige Klage des Dude über die Verunreinigung seines Teppichs lässt die Frage nach der unbewussten Bedeutung des Teppichs zu. In seinem Appartement führt er Tänze auf dem Teppich auf, den er dem Millionär entwendet hatte. Später fantasiert er im Traum, dass er aus eigener Kraft über Los Angeles fliegen kann. Er ist im Traum auf einem Teppich zu sehen, wie er über der Stadt fliegt bis – so die Bilder – in den Abendhimmel hinein. Die Vermutung liegt nahe, dass der bepinkelte Teppich einer fantasierten Kastrierung des Dude gleichkommt. Omnipotent versucht er im Traum diese Kastrierung ungeschehen zu machen. Er stürzt jedoch ab und findet sich auf der Bowlingbahn wieder, bedrohlich nähert sich ihm eine der Kugeln. Damit befindet er sich wieder in der einerseits als anziehend erlebten, zugleich aber auch seine sexuelle Intaktheit bedrohenden Männerwelt. Dem Tumbleweed aus trockenem Buschwerk ähnlich, der in den Straßen, an den Häusern und am Meeresstrand entlang rollt, vom Wind immer vorwärtsgetrieben, der durch die ewig rollende Bewegung zu einem Ball wird, der innen leer ist, so wird der Dude von einem Ereignis zu anderen getrieben, ohne jedoch mit Männlichkeit angefüllt zu werden. In diesem Zusammenhang stellt sich erneut die Frage nach der Bedeutung des Teppichs. Er stellt offenbar einen Gegenpol zu den vom Wind getriebenen Tumbleweeds dar, die kein Zuhause kennen. Der Teppich jedoch repräsentiert das Zuhause des Dude. Die Formulierung, dass der Teppich den Raum ausfülle, lässt sich auf den inneren Raum des Dude beziehen, der durch seine Männlichkeit ausgefüllt sein sollte, sprich, diese Formulierung symbolisiert seine sexuelle Intaktheit. Die Suche des Dude nach einem „Ersatz-Teppich", die sich durch den gesamten Film zieht, bedeutet, dass er versucht, seine sexuelle Intaktheit wiederherzustellen, seine Kastration zu „heilen" oder sie – wie im Traum omnipotent zu verleugnen.

Tatsächlich sind es die Männer, die Dudes Männlichkeit bedrohen. Um es zu betonen, es geht nicht einfach um den Verlust des Teppichs, sondern darum, dass er beschmutzt wurde. Es ist zwar beständig davon die Rede, dass der „Chinese auf den Teppich pinkelte". Es ist allerdings denkbar, dass dieser vor dem auf der Klobrille sitzenden Dude masturbierte und schamlos seine Männlichkeit vor dem gänzlich unmännlichen Dude exhibierte. In einer der letzten Szenen des Films sind die Ganoven erneut zum Angriff auf den Dude angetreten und verlangen von ihm das Geld, das er nicht besitzt. Walter tötet jedoch einen nach dem anderen. Donny ist einem Herzinfarkt erlegen. Wäre es nicht möglich, dass Donny stellvertretend für den Dude auf dem Boden zu liegen kommt? So würde der extrem komischen Szene, in der Walter und der Dude die Asche Donnys, die sie in einer Kaffeebüchse mit sich tragen, um sie dem Pazifik zu übergeben, die aber durch einen plötzlich einsetzenden Windstoß den Dude einhüllt, die unbewusste Bedeutung zukommen, dass der Dude der Kastration, der auch die Bedeutung von Tod und Sterben zukommt, nicht entgehen kann. Aber mit dieser Wendung ist die Suche des Dude nach sexueller Intaktheit nicht zu Ende, er kehrt mit Walter zur Bowlingbahn zurück, denn „I know it when night has gone, that new world's born at dawn". Dort sind die zupackenden, starken Männer zu sehen, die immer wieder mit einem kräftigen Wurf alle zehn Pins auf einmal zum Umfallen bringen. Es ist bemerkenswert, dass der Film den Dude nie beim Bowlen zeigt. Seine Rolle ist auf die des Beobachters und Kommentators festgeschrieben; er nimmt nicht Teil an der Konkurrenz der Männer an der Bowlingbahn.

Besondere Bedeutung für das unbewusste Erleben des Dude kommt Jesus Quintana zu, der in seinem lilafarbenen, engen Anzug eine imposante Erscheinung darstellt. Wenn er zu dem Song Hotel California aufreizend gekonnt vor dem Dude und seinen Freunden tanzt, seine Männlichkeit in den Mittelpunkt des Geschehens stellt, dann erzeugt er Bewunderung, aber auch Ängste vor einer möglichen sexuellen Beziehung. Im Gegensatz dazu entbehrt die Bettszene, in der der Dude neben Maude im Bett liegt, jeglicher sexuellen Attraktion. Nun könnte das Treffen mit Maude, der Tochter des Big Lebowski, und ihr Insistieren auf ihrer vaginalen Kunst und ihr Hinweis, dass die Vagina dem Mann Angst mache, die Annahme nahelegen, dass die Kastrationsangst des Dude mit der Vagina zu tun habe. Als Maude ihn jedoch danach fragt, ob er Sex möge, gibt er zur Antwort, er suche nur seinen Teppich. Für ihn gilt das Gleichnis vom Tumbleweed und dem Teppich, das psychologisch formuliert von seiner unbewussten Suche nach Männlichkeit spricht, die er, ruhelos getrieben, nicht findet. Nur der Teppich vermittelt ein Zuhause in sich selbst. Walter Sobchak ist die männliche Figur, die den Dude in allen Lebenslagen begleitet und ihm Ratschläge erteilt. Er stellt jedoch einen Männlichkeitsentwurf dar, den der Dude nicht teilt. Walter Sobchak ist kein Antiheld. Er verhält sich draufgängerisch, manchmal uneinfühlsamen und gewalttätig. Er lebt und verteidigt seine Männlichkeit unnachgiebig, wenn nötig sogar mit gezücktem Gewehr.

DER REVOLVER: BLOOD SIMPLE (1984)

Hintergrund

Blood Simple, der erste Film der Coen Brüder aus dem Jahr 1984, zeigt bereits die unverwechselbare Ästhetik der Filmemacher, die sich immer außerhalb des Hollywood-Mainstreams bewegen. Im Jahr 2001 stellten die Brüder über einen Director's Cut eine minimal gekürzte Fassung des ursprünglich 99 Minuten dauernden Films her, der nichts an der ursprünglichen Aussage veränderte. Die auf 96 Minuten gekürzte Fassung liegt heute als MGM-Verleihkopie aus dem Jahr 2008 vor. Um unerwünschte Einflüsse auf ihre Inszenierungen zu vermeiden, lehnten sie es ab – ähnlich wie Pedro Almodóvar – mit fremden Produktionsfirmen zusammenzuarbeiten. Während Joel das Drehbuch schreibt, übernimmt Ethan die Produktion. Im Jahr 1985 gewinnt *Blood Simple* den Großen Preis der Jury beim Sundance Festival. Die Fertigstellung des Films zieht sich aufgrund mangelnder Finanzierung über mehr als ein Jahr hin. Joel Coen erzählt später, dass auch seine und Ethans Eltern finanziell dazu beitrugen. Der Regisseur Sam Raimi gab Joel den Rat, Geldgeber zu suchen. Er benötigte ungefähr ein Jahr, um 750.000 Dollar aufzutreiben. Die literarischen Vorbilder für *Blood Simple* sind James M. Cains Roman *The Postman always rings twice* und Dashiell Hammetts Roman *Red Harvest.* Mit den Worten „blood simple" beschreibt Hammett in seinem Roman den verwirrten und von Angst geprägten Gemütszustand von Menschen, die lange Situationen ausgesetzt waren, die durch Grausamkeit gekennzeichnet sind[20]. Das Liebespaar Ray und Abby lebt in einer Welt der Grausamkeit und ihre Liebe ist zum Scheitern verurteilt. Die Bedeutung, die die beiden Filmemacher dem Revolver Abbys zuschreiben, verweist auf diese innerpsychische Verfassung, die

20 hpp://wikipedia.org/wiki/Blood_simple.

Hammett mit „blood simple“ bezeichnet, und darauf, dass es aus dieser Welt kein Entrinnen gibt. Das mit der Grausamkeit verbundene Blut steht für einen innerpsychischen Prozess. Auch Hammett hat auf den „Gemütszustand“ der Menschen verwiesen, ohne äußere soziale Umstände auszuschließen. In einer Äußerung Joels über Texas kommt dies zum Ausdruck: Dort werde erst geschossen und dann gesprochen. *Blood Simple* ist in Texas angesiedelt und auch gedreht worden.

Inhalt

Bei meiner Inhaltsangabe werde ich linear die Ereignisse wiedergeben. Die Coen bedienen sich bei ihrer Gestaltung jedoch nicht der Linearität, sondern inszenieren vielmehr unerwartete, nicht vorhersehbare, häufig erschreckende und Angst auslösende Wendungen im filmischen Geschehen. Zunächst sind wir mit einer menschenleeren, schnurgerade verlaufenden Straße konfrontiert, auf der nur ein aufgeplatzter Autoreifen zu sehen ist. Eine Stimme aus dem Off teilt uns mit, dass wir uns in Texas befinden, wo jeder auf sich selbst gestellt ist. Bohrtürme und endlos weite, nicht bewirtschafte Felder dehnen sich am Straßenrand aus. Am Horizont werden Häuser und Fabriktürme einer Stadt sichtbar. Nach Ablauf der Titel ist ein in einem Auto sitzendes Paar schemenhaft zu erkennen, während der Scheibenwischer gegen den einsetzenden Regen kämpft: Abby (Francis McDormand) und Ray (John Getz). Abby ist verheiratet mit dem Barbesitzer Julian Marty (Dan Hedaya), Ray ist Barkeeper in Julians Bar. Die erste Äußerung stammt von Abby, die Ray mitteilt, dass ihr Mann, Marty, ihr zum ersten Hochzeitstag einen mit Perlmutt besetzten Revolver geschenkt habe. Sie fügt hinzu, dass sie von Marty weggehen müsse, um den Revolver nicht auf seine Brust zu richten. Warum sie dies fürchtet, bleibt offen. Es ist zu erfahren, dass Abby sich auf dem Weg nach Huston befindet, ohne zu wissen, was sie dort anfangen werde. Woher sie kommt, bleibt im Dunkeln. Ray gesteht ihr seine Liebe, worauf sie antwortet, dass sie dachte, er wolle ihr nur einen Gefallen tun, indem er sie bei dem Regenwetter nach Huston fahre. Ein schäbiger VW Käfer verfolgt das Paar. Als sie anhalten, verschwindet das andere Auto. Ray und Abby begeben sich in ein Motel, wo sie miteinander schlafen. Am nächsten Morgen klingelt das Telefon, der Anrufer fragt Ray, ob sie Spaß miteinander hatten und legt, ohne eine Antwort abzuwarten, auf. Ray geht davon aus, dass Marty der Anrufer und auch der Fahrer des Käfers.

Im Büro seiner Bar trifft Julian Marty den Privatdetektiv Visser (M. Emmet Walsh), der ihm Bilder von Ray und Abby zeigt, wie sie im Motel zusammen im Bett liegen. Marty hatte Visser beauftragt, das Paar auszuspionieren. Er ist der Fahrer des VW Käfers. Marty hatte ihn aber nicht beauftragt, Fotos von den beiden zu machen und schickt den Detektiv deshalb ärgerlich weg. Ray taucht vor Martys Büro auf, wo dieser auf der Verandatreppe sitzt, und bittet um seinen Lohn, den sein Arbeitgeber ihm verweigert. Er verweist Ray seines Grundstücks und droht ihm, ihn zu erschießen, sollte er sich noch einmal blicken lassen. Visser dringt heimlich in Rays Wohnung ein und entwendet den 38er Revolver aus Abbys Handtasche. Am frühen Morgen dringt Julian Marty in die Wohnung ein, um Abby zu vergewaltigen. In der darauffolgenden Szene beauftragt Marty den Privatdetektiv, Abby und Ray zu ermorden; er bietet ihm 10.000 Dollar dafür an. Visser zögert zunächst, nimmt den Auftrag dann aber an. In einer der nächsten Szenen trifft er dann Marty in dessen Büro und zeigt ihm Fotos von Abby und Ray, die er scheinbar ermordet hat. Er kassiert seine Belohnung und erschießt Marty, denn er hat die Beiden gar nicht ermordet. Er tötet den Barbesitzer mit Abbys Waffe, die er dann unter den Tisch legt, an dem Marty zusammengesunken sitzt. Später findet Ray den vermeintlich toten Marty und entdeckt unter dem Tisch Abbys Waffe. Er ist überzeugt, dass Abby ihren Ehemann ermordet hat. Von diesem blutigen Fund an beginnt eine verhängnisvolle Folge von Grausamkeit und Missverständnissen der Liebenden, die mit Rays Ermordung durch Visser und dessen Ermordung durch Abby endet. In einer langen nächtlichen Sequenz von ungefähr 15 Minuten begräbt Ray den schwerverletzten, aber noch lebenden Marty. Inzwischen hat ein anderer Angestellter in Martys Bar, Meurice (Samm-Art Williams), auf seinem Anrufbeantworter Martys Stimme gehört, der ihm mitteilt, dass Geld im Safe fehle – was er ja, das weiß der Zuschauer bereits, herausgenommen hatte, um Visser zu bezahlen, – und dass Ray ihm dieses Geld gestohlen habe. Meurice teilt dies Abby mit und warnt sie vor Ray, der durchgedreht sei. Abby, die sich hinter einer Tür verborgen hält, erschießt Visser, der in ihre Wohnung eingedrungen ist. Offenbar glaubt sie, ihren Mann erschossen zu haben, wenn sie sagt: „Ich habe jetzt keine Angst mehr vor dir, Marty." Visser, der tödlich verletzt unter dem tropfenden Rohr des Waschbeckens liegt lacht unangenehm, so wie er dies auch in anderen Szenen getan hatte, und sagt zu ihr: „Well ma'am, if I see 'im I'll sure give 'im the message."

Interpretation

Die enigmatischste Figur des Films ist die Protagonistin Abby. Während die männlichen Protagonisten Ray, Marty und Visser einen Fehler nach dem anderen begehen, um ihre verbrecherischen Taten zu kaschieren, unterläuft Abby, Rays Geliebter und Martys untreuer Ehefrau, kein einziger Fehler. Mit der Mitteilung, ihr Ehemann habe ihr einen Revolver geschenkt und sie fürchte, ihn damit zu töten, eröffnet Abby das Filmgeschehen und sie beendet es mit der Erschießung des Privatdetektivs Visser. Ihr Gesicht erscheint selten in Großaufnahme, ganz im Gegensatz zu den Gesichtern der drei Männer. Ihre Äußerung, nachdem sie Visser getötet hat, sie müsse nun keine Angst mehr vor Marty haben, wird nicht nur von dem sterbenden Privatdetektiv zynisch kommentiert, auch die Interpretin hat ihre Zweifel, ob Abby tatsächlich glaubt, sie habe hinter der Tür stehend ihren Mann getötet. In ihrem Alptraum, den sie in einer dieser Szene voran gegangenen Sequenz hatte, sieht sie den blutenden sterbenden Marty. Hat sie etwa so viel intuitives Vermögen, sich vorzustellen, wie Marty zu Tode kam? Näherliegend scheint doch, dass sie um seinen Tod weiß, der mit ihrem Revolver durch Visser ausgeführt wurde. Der Film kann auch offenlassen, ob Abby Vissers zynische Bemerkung hört, die im Angesicht seines herannahenden Todes und des Todes von Marty macht. Der Film endet mit dieser außergewöhnlichen Sterbeszene, in der Visser, unter dem Abflussrohr des Waschbeckens liegend, ein Wassertropfen im Gesicht trifft. Es ist völlig unerheblich, ob Abby den Tod Martys wünschte, den andere für sie begingen. Sie agiert von Beginn an so, wie Dashiell Hammett es in seinem Roman beschrieben hat: Im Gemütszustand des „Blood simple".

Blood Simple ist kein einfacher Neo-noir-Thriller, sondern ein fast undurchschaubares, von Grausamkeit geprägtes Verwirrspiel, dem die Protagonisten Abby, Ray und Marty ausgesetzt sind. Die Brüder bedienen sich dabei fast überwiegend der filmischen Mittel der „uneingeschränkten Narration" (Bordwell u. Thompson 2001, S. 71), die die Zuschauer in die Lage versetzt mehr zu wissen, als die Protagonisten selbst. Diese filmische Strategie erlaubt es der Interpretin, psychoanalytische Hypothesen zu formulieren oder, umgangssprachlich ausgedrückt, zwischen den Zeilen zu lesen. So fällt auf, dass bereits in der ersten Filmsequenz von einem Revolver die Rede ist und davon, dass der Ehemann Abbys, den sie zu erschießen fürchtet, geisteskrank sei oder dass vielleicht auch sie psychisch krank sei. Diese Aussage erinnert die Interpretin an den Satz von Dashiell Hammett aus seinem Roman *Red Harvest*, dass Menschen, die sich lange in Gewaltsituationen aufhielten, emotional einen inneren Zustand entwickeln, den er mit blood simple (geistesgestört) bezeichnet. Mit der Erwähnung des Revolvers, den Julian Marty seiner Ehefrau zum ersten Hochzeitstag geschenkt hatte, ist bereits Abbys innerer Zustand als blood simple gekennzeichnet. Ray spricht jedoch in dieser ersten Szenensequenz von seiner Liebe zu Abby. Verfolgt man die implizite Handlung des Films, so wird deutlich, dass es gerade Rays Zuneigung ist, die es Abby ermöglicht, ihren destruktiven, von Gewalt geprägten Plänen innerlich Raum zu verleihen. Aus dieser Sicht stellt Ray einen idealen Mitspieler dar. So kommt ihr die Liebesnacht mit Ray in einem Motel gelegen, um ihn an sich zu binden. Er hatte ihr zuvor ihr gegenüber geäußert, dass er sich zwar verliebt habe, es aber nicht an der Zeit sei, jetzt eine Beziehung einzugehen. In dieser Szene wie auch in anderen, die folgen werden, scheint Abby zufrieden zu sein. Die Kamera zeigt ihr Gesicht im Halbprofil, noch schläfrig, aber mit einem zufriedenen Ausdruck. Jedoch der Zustand des „blood simple" hat längst von ihr Besitz ergriffen. In einer der nächsten Szenen werden wir Zeugen, wie sie die noch verbleibenden Patronen zählt, die sie in einer kleinen weißen Schachtel aufbewahrt, und in ihren Taschen nach dem Revolver sucht und ihn auch findet. Dass Visser später ihren Revolver heimlich entwendet, um Marty zu erschießen, stellt nur das explizite Geschehen dar. Die Interpretin vermutet aber, dass dies ein gelungener Schachzug ist, der sich bei der psychoanalytischen Interpretation als von Abby an Visser übertragene Tat darstellt. Nur über Vissers Untersuchung des Revolvers wissen wir, dass er noch drei Patronen enthält, drei sind bereits abgefeuert worden. Dieser Fund legt nahe, dass Abby, die Besitzerin, den Revolver bereits vor Beginn der filmischen Handlung benutzte. Der Film lässt offen, was sich in der Vergangenheit zwischen Abby und Marty zugetragen hat. Ihr Gespräch mit Ray im Auto lässt die Vermutung zu, dass in der Negation – ich will weg, um Marty nicht zu töten – ein unbewusster Wunsch zum Ausdruck kommt, ihn sehr wohl beseitigen zu wollen.

Nach diesen Überlegungen wird es weiterhin möglich, über die im Film benutzte uneingeschränkte Narration die These zu formulieren, dass die Tötung Martys durch Visser und der sich anschließende grausame Versuch Rays, den nur halb toten Marty entweder zu Tode zu bringen, indem er ihn mit einem Auto überfährt, oder ihn mit einer Schaufel zu erschlagen, um ihn dann lebendig zu begraben, zwar von den beiden Männern Visser und Ray besorgt wird, dass sie aber beide im wörtlich nicht formulierten, implizit aber erteilten Auftrag Abbys handeln. Abby ist ganz und gar nicht das erstaunt die Augen aufschlagende Dummchen, als das sie in manchen Szenen, insbesondere am Ende des Films im Gespräch mit Ray dargestellt wird, sondern eine Frau, die nicht die Hilfe eines Mannes benötigt, um sich gegen die versuchte Vergewaltigung durch ihren Ehemann Marty zur Wehr zu setzen. In dieser Szene schleppt Marty sie aus der Wohnung Rays. Sie versucht zunächst noch, ihren Revolver zu fassen zu bekommen, was ihr aber nicht gelingt. Daraufhin biegt sie Marty einen Finger der Hand, mit der er ihr den Mund zuhält, derart nach hinten, dass er bricht. Als sich Marty daraufhin von ihr wegbewegt, tritt sie ihm gezielt zwischen die Beine, sodass er taumelt und sich zusätzlich übergeben muss. Angesichts dieser gewaltsamen Szene hat das Erscheinen Rays in der Tür zu seiner Wohnung mit stolzgeschwelltem, nacktem Oberkörper einen eher komischen Charakter.

Das Zusammentreffen von Ray und Abby, nachdem dieser Marty lebendig begraben hat, ist nur scheinbar von Missverständnissen geprägt. Ray ruft sie frühmorgens vom Telefon einer Tankstelle an, um ihr mitzuteilen, dass sie sich keine Sorgen machen müsse, er habe alles erledigt. Sie fragt nicht nach, was er damit meine. Meiner oben dargelegten Interpretation folgend, ist das ja auch gar nicht notwendig. Implizit weiß sie ja, dass Ray das ausgeführt hat, was sie sich wünschte. So ist es auch nicht erstaunlich, dass sie Rays verändertes Äußeres ignoriert; er kommt völlig erschöpft und geschockt darüber, dass er Marty auf eine extrem grausame Weise zu Tode gebracht hat, in Abbys Wohnung zurück und wirkt um Jahre gealtert. Auch auf Rays von innerer Panik diktierte Mitteilung, er habe ihn lebendig begraben, fragt sie nicht nach, was er ihr damit sagen will. Auf seine Äußerung, sie müssten sich jetzt vorsichtig verhalten, dürften keine Fehler machen, reagiert sie zwar äußerlich ungerührt. Innerlich aber will sie selbstverständlich keinen Mitwisser an ihren verbrecherischen Wünschen und Gedanken haben. Die von Ray nach Martys Ermordung hergestellte Komplizenschaft mit Abby missfällt ihr aufs Äußerste. Als Ray sie auffordert mit ihm wegzugehen, reagiert sie negativ auf diesen Vorschlag unter dem

Vorwand, sie müsse zunächst wissen, was zwischen ihm, Ray und Marty passiert sei. Er sagt dann auch, dass es ihr sicherlich recht sei, wenn er gehe. Da sie – wie bereits erwähnt – auf keinen Fall Mitwisser ihrer Wünsche haben will, kommt ihr die Nachricht von Meurice, dem zweiten Barkeeper bei Marty, dass Ray Geld aus dem Safe von Marty gestohlen habe, sehr recht. Sie dient ihr als Vorwand, sich weiter der Komplizenschaft mit Ray bei der Ermordung Martys zu entziehen. Sie wirft Ray vor, er habe sie belogen, ihr nicht mitgeteilt, dass er aus Martys Safe Geld entwendet hat. Sie benutzt dann auch dieses unglaubwürdige Misstrauen, von dem wir wissen, dass es ihre und Rays Täterschaft verdecken sollte, um Ray der Ermordung durch Visser auszusetzen. Dieser befindet sich auf dem Dach eines Abbys Wohnung gegenüberliegenden Hauses, um Ray und Abby zu töten. Ray bittet sie inständig, das Licht zu löschen, damit Visser sie nicht sehen kann Sie tut dies jedoch nicht, sodass Visser Ray erschießen kann. Am Ende des Films erschießt sie Visser, der in ihre Wohnung eingedrungen war, mit ihrem Revolver und entledigt sich damit des letzten Mitwissers ihres Verhaftetseins in „blood simple“. Bevor sie Visser erschießt, klemmt sie seine behandschuhte Hand in einem Fenster ein und rammt ein Messer hinein, sodass er vor Schmerzen laut schreit und sich nur unter Aufbietung all seiner Kräfte aus dieser Lage befreien kann.

Die Dreiecksgeschichten des Film noir, wie z. B. die der Verfilmung des Romans von James M. Caine *The Postman Always Rings Twice,* der bei der Erstellung von *Blood Simple* Pate stand, lassen sich nicht auf diesen Film übertragen. Es gibt nicht den von der Femme fatale leidenschaftlich ersehnten Liebhaber, der mit ihrer Hilfe ihren Ehemann, seinen Rivalen, tötet, sondern vielmehr zwei Männer, die um Abbys Liebe buhlen. Ihre nicht erwiderte Liebe veranlasst sie dazu, Verbrechen zu begehen, die in die Autodestruktion münden. Abby zahlt ihr Verbrechen an Marty nicht mit dem Leben wie Cora in *The Postman always Rings Twice.* Abby entspricht nicht der traditionellen Rolle der Femme fatale im Film noir.

Ray und Marty sind Loser. Beide versuchen mit untauglichen Mitteln, ihre Situation zu meistern, die dadurch geprägt ist, dass Abby ihre Liebe nicht erwidert, und landen in der Selbstdestruktion. Abby zweifelt beständig an Rays Liebe, während sie ihren Ehemann ablehnt. Ray ist ein tragischer Held, der aufgrund seiner Liebe zu Abby einen Fehler nach dem anderen begeht und sich dabei selbst zu Grunde richtet. Sicherlich ist auch zutreffend, dass Ray Marty aus dem Weg schafft, um seinen Rivalen loszuwerden. Er weiß zwar inzwischen, dass Visser seine Liebesnacht im Motel beobachtet hat, dass dieser aber im Auftrag Martys handelte. Als er den halbtoten Marty beseitigte, hätte er davon ausgehen müssen, dass das Feld, in dem er Martys Grab aushob, eines Tages umgepflügt werden würde. Außerdem hinterlässt er seine Autospuren auf dem Feld und ist deshalb für die Polizei leicht identifizierbar. Hätte er Marty in dem Ofen, der hinter Martys Bar stand, verbrannt, wären seine Spuren nicht auffindbar gewesen. Gab es doch zu der Zeit, als der Film gedreht wurde, noch keine Identifizierung über eine DNA-Analyse. Marty versucht mithilfe des gerissenen, amoralischen Privatdetektivs Visser, den er in einer vorangegangenen Szene aus seinem Büro verwiesen hatte, weil dieser heimlich ohne Auftrag von Marty Bilder von den Liebenden gemacht hatte, Ray und Abby töten zu lassen. Über lange Strecken des Films erscheinen die beiden Protagonisten Ray und Marty immer wieder in Großaufnahmen. Zuerst ist Rays Gesicht zu sehen, der sich, mit Abby im Auto sitzend, nach dem verfolgenden VW Käfer umdreht. In seinem Gesicht zeichnet sich Erstaunen, aber auch Angst ab. Später sucht Ray Marty auf und will von ihm die beiden Wochenlöhne, die dieser ihm schuldet. Marty weigert sich selbstverständlich, ihn auszubezahlen. Das Gespräch wird immer wieder unterbrochen durch Bilder von dem Verbrennungsofen, der Gefahr und Grausamkeit signalisiert. In den Gesichtern der beiden Protagonisten werden über die Großaufnahmen Ängste, Hass und Verachtung sichtbar. Visser hat wenig gemein mit den Privatdetektiven des Film noir, beispielsweise einem Sam Spade im *Malteser Falken,* der zwar hartgesotten und trickreich ist, unmoralische Ermittlungsmethoden aber ablehnt, auch dann, wenn sie viel Geld versprechen. Vissers amoralisches Verhalten, für Geld zu töten, aber insbesondere seinen Vertrag mit seinem Auftraggeber Marty nicht einzuhalten, macht ihn zu einer Figur, die von der Nutz- und Sinnlosigkeit des Lebens zutiefst überzeugt ist, für die nur das Geld von Bedeutung ist. Er ist auch der Sprecher aus dem Off zu Beginn des Films, der die Zuschauer davon unterrichtet, dass in Texas jeder auf sich selbst gestellt sei, dass niemand einem anderen Menschen helfe. Mit diesen Worten wird deutlich, dass er sich weder für sich selbst, noch für andere eine lebenswerte Zukunft vorstellen kann. Auch Visser begeht Fehler, die ihn schließlich zu Abbys Mordopfer werden lassen. In einer Szene stellt er fest, dass er sein Feuerzeug am Tatort in Martys Büro liegenließ. Er kehrt zurück und wird beinahe von Abby überrascht, die ebenfalls die geschlossene Bar betritt. Versteckt hinter einer Tür verfolgt er Abbys Schritte, auch sie begibt sich zum Ort des Verbrechens an Marty. In einer anderen Szene war auch Ray wieder dort erschienen, wo er Marty halbtot und blutend vorgefunden hatte. Im Safe entdeckt er eine der getürkten Aufnahmen, die seinen und Abbys Tod zeigt. Visser war davon ausgegangen, dass er alle ihn belastenden Bilder verbrannt hatte, eines hatte er jedoch übersehen. Ray weiß jetzt, dass er beschattet wird und in Lebensgefahr schwebt. Visser ist nun entschlossen, Abby und Ray zu töten, da sie Mitwisser seines Verbrechens sind. In einer der letzten Szenen des Films tötet Visser Ray. Mit Abby kann er es jedoch nicht aufnehmen.

Den Protagonisten in *Blood Simple* ist nicht das gelungen, was der Privatdetektiv The Continental Op in Hammetts *Read Harvest* (1929) als Ausweg aus der ständig eskalierenden Gewalttätigkeit vorschlägt, nämlich wegzugehen. Er hatte zu einer der Protagonistinnen gesagt: „This damned burg's getting me. If I don't go away soon I'll going blood-simple like the natives." („Diese verdammte Stadt schafft mich. Wenn ich nicht bald weggehe, werde ich blutrünstig wie die Eingeborenen"; Übers. M. Z.). Eben aber diese Blutrünstigkeit beherrscht *Blood Simple* und lässt keine Liebesbeziehung sich entwickeln. So sind Abby und Ray nicht über Liebe, sondern über eine sich wechselseitig beständig eskalierende Gewalttätigkeit miteinander verbunden. Abby geht nicht weg, wie das der Op vorschlägt; sie bleibt vielmehr Gefangene ihrer von Destruktion beherrschten inneren Welt.

WIE MAN DIE EIGENE FRAU ERMORDET, OHNE ES ZU WOLLEN: FARGO (1966)

There was a young man from Riga,
Who smiled as he rode on a tiger.
They returned from the ride
With the man inside
And the smile on the face of the tiger.[21]

Hintergrund

Fargo, der sechste Film der Coen-Brüder, wurde am 8. März 1996 in den USA uraufgeführt. Im gleichen Jahr gewann er in Cannes die Goldene Palme für die Regie, Frances McDormand wurde 1997 mit dem Oscar für ihre Darstellung der Marge Gunderson, der schwangeren Polizeichefin von Brainerd County (Minnesota), ausgezeichnet, einen weiteren Oskar gab es für das Drehbuch. 2006 wurde der Film aufgrund seiner kulturellen, historischen und ästhetischen Relevanz in das National Film Registry of Preservation der Nationalbibliothek (Library of Congress) aufgenommen. Die Bibliothek enthält inzwischen 625 ausschließlich amerikanische Filme, die durch die Archivierung der Nachwelt erhalten werden sollen. Die von der National Film Registry verwalteten Filme müssen mindestens 10 Jahre alt sein. Sie sollen durch ihre Aufnahme in das Film Registry der Nachwelt erhalten bleiben. In Deutschland werden deutsche Filme im Bundesarchiv verwahrt.

Die Coens siedeln *Fargo* in einer ländlichen, von einer unteren Mittelschicht bewohnten Region in Minnesota an, einem Ambiente, das stark geprägt wurde durch norwegische Immigranten. Konsequenterweise lassen sie ihre Protagonisten Marge Gunderson (Frances McDormand) und Jerry Lundegaard (William H. Macy) im „Minnesota nice" sprechen, dem typischen Akzent der norwegischen Immigranten.

21 Leicht abgewandelter Limerick aus: Edward. The book of nonsense. London 1845. Der Begriff Limerick erscheint ab 1898 im New English Dictionary, ab 1902 wird er auch in den USA gebräuchlich.

Einleitung

Fargo ist ein Thriller, der zugleich ein Psychogramm der Protagonisten zeichnet. Dies geschieht nicht über die Darstellung ihrer Wünsche, Gefühle und Motivationen, über mehrere „point-of-view shots" (Bordwell u. Thompson 2001, S. 73), sondern insbesondere über die Kontrastierung zwischen Musik und Bild und über Inszenierungen unverhoffter, plötzlicher Ereignisse, die die Erwartungen der Zuschauer auf lustvolle oder schockierende Weise verletzen. *Fargo* ist nicht nur der ästhetisch gelungenste Film der Brüder Coen; mit der Mischung aus Gewalt, Humor und Komik steht er stellvertretend für die meisten Coen-Filme. Filmtechnisch erreichen die Brüder diesen eigentümlich anmutenden Widerspruch einmal mehr über die Inszenierung von Erwartungsverletzungen. Diese Mischung verleiht *Fargo* – und auch anderen Coen-Filmen – die Qualität einer Tragikomödie. Obwohl *Fargo* etliche gewaltsame Szenen enthält, so reagiert das Publikum doch an vielen Stellen amüsiert, insbesondere, wenn Marge in das Geschehen eingreift, an manchen Stellen ist das Publikum auch überwältigt von der Plötzlichkeit, mit der sich die ständig wandelnden Ereignisse zutragen. Die Handlung des Films kommt in Gang über Erwartungsverletzungen. Auch die letzten Szenensequenzen des Films überraschen mit unerwarteten Wendungen, auf die die Zuschauer mit Humor reagieren. Die unvorhersehbaren, plötzlich sich herstellenden Konstellationen, die sich aus Jerry Lundegaards verrücktem Plan ergeben, seine Frau von zwei Ganoven entführen zu lassen, um von seinem Schwiegervater Lösegeld zu erpressen, stellen Erwartungsverletzungen der Zuschauer und der Interpretin dar. Jerry scheitert an seinem Versuch, zu Geld und Einfluss zu gelangen aufgrund von Verstrickungen in unbewusste, ihm unbekannte Fantasien von sexueller Befreiung aus einer konventionellen Beziehung, die ihn mit seiner, vom eigenen Vater abhängigen Frau verbindet. Die filmische Inszenierung der Entführung Jeans, Jerrys Frau, stellt eine Erwartungsverletzung dar. Jean wird in einem rosa Schlafanzug und in einer rosa farbenen Strickjacke strickend vor dem Fernseher gezeigt. Zwei Fernsehköche, eine Frau und ein Mann, erzählen zunächst von ihrer Nilreise, um später ein Kochrezept zu präsentieren. Zwei Männer mit schwarzen Kapuzen auf dem Kopf, Carl und Gaear, schleichen die Balkontreppe mit Knüppeln in der Hand herauf. Jean realisiert die Gefahr erst, als die beiden die Balkonfenster einschlagen.

Inhalt

Im Winter 1987 befindet sich der Verkaufsleiter Jerry Lundegaard (William H. Macy), der im Geschäft seines Schwiegervaters, Wade Gustafson (Harve Presnell), angestellt ist, in finanzieller Not. Durch die Vermittlung von Shep Proudfoot (Steve Reevis), der ebenfalls im Geschäft von Jerrys Schwiegervater arbeitet, trifft er die beiden Ganoven Carl Showalter (Steve Buscemi) und Gaear Grimsrud (Peter Stormare) in einem Lokal in Fargo. Als Anzahlung übergibt Jerry den beiden ein aus dem Autohaus des Schwiegervaters entwendetes Auto. Er will ihnen später die Hälfte des vom Schwiegervater für die Freilassung der Tochter erpressten Geldes geben. Carl und Gaear entführen Jean, werden aber auf dem Weg durch Brainerd County von einem Verkehrspolizisten gestoppt, weil sie mit Händler-Nummernschildern fahren. Carl, der versucht, sich mit dem Polizisten zu verständigen, wird davon überrascht, dass Gaear diesen erschießt. Als Carl versucht, den toten Polizisten beiseite zu schaffen, nähert sich ein Auto mit zwei Frauen. Um keine Zeugen zu haben, erschießt Gaear auch diese beiden.

Die Morde werden von der Polizeichefin Marge Gunderson aus Brainard County untersucht und schließlich aufgeklärt. Bei der Befragung zweier Prostituierten im Hotel „Blue Ox“, in dem die beiden Verbrecher eingekehrt waren, erfährt sie, dass die Ganoven mit Shep Proudfoot in Minneapolis telefonierten. Eine Befragung von Proudfoot bringt Marge in ihren Ermittlungen nicht weiter. Jerry teilt seinem Schwiegervater mit, dass die Entführer nur mit ihm Kontakt aufnehmen wollen, um die Geldübergabe und die Freilassung von Jean einzuleiten. Dem Schwiegervater Wade werden die Ausreden Jerrys zu viel. Er begibt sich mit einem Koffer mit 100.000 Dollar zu einem Treffen mit Carl, der die Nerven verliert, als er mit einem neuen Verhandlungspartner konfrontiert wird und ihn erschießt. Wade wiederum schießt, schon tödlich getroffen, Carl ins Gesicht. Als Carl das Geld zählt und feststellt, dass es sich um 100.000 Dollar handelt, nimmt er 80.000 Dollar an sich, um die Hälfte davon seinem Partner zu übergeben. Den Rest vergräbt er im Schnee und markiert die Stelle mit einem roten Eiskratzer. Als er zurück in das gemeinsame Versteck kommt, findet er Jean tot auf dem Boden liegend vor. Gaear erschlägt ihn mit einer Axt und versucht den Toten in einer Häckselmaschine zu „entsorgen“. Er wird dabei von Marge überrascht, versucht zunächst zu fliehen, wird aber schließlich von ihr festgenommen. Auch Jerry wird später in der Nähe von Bismarck, North Dakota, festgenommen.

Interpretation

Der Film *Fargo* erzählt von den verbrecherischen Taten seines männlichen Protagonisten, der davon besessen ist, ein besseres Leben zu führen, das, so erzählt dies der Film, eng mit Geldverdienen verknüpft ist. In einer eintönigen Schneelandschaft, in der sich der Himmel nicht von der Erde unterscheidet, bewegt sich ein Auto auf die Zuschauer zu, das ein zweites mitschleppt. Der Fahrer des Autos ist nur in Umrissen erkennbar. Musikalisch begleitet wird die düstere Autofahrt von einer Komposition Carter Burwells, der als Vorlage das norwegische Volkslied *The Lost Sheep* benutzte. Wenn das Auto sich dem Zuschauer nähert, schwillt die bisher getragene, melancholische Musik an, überwiegend gespielt mit Hardangerfideln (traditionelles Instrument der norwegischen Volksmusik), wird heftiger, ohne allerdings die Grundmelodie zu verlassen. Das Anschwellen der Musik, der Wechsel zwischen Getragenheit und Heftigkeit, löst Spannung aus. Der Fahrer des Autos, der ein anderes im Schlepptau hat, ist Jerry Lundegaard, so stellt er sich in einem Hill-Billy-Gasthaus den dort auf ihn warteten Ganoven Carl und Gaear vor. Jerry Lundegaard, den der Film immer wieder als Verlierer inszeniert, sei es im Gespräch mit dem schwerreichen Schwiegervater, der ihn entwertet und der Lächerlichkeit preisgibt, sei es beim Autoverkauf und einer unprofessionellen Beratung von Kunden, aber auch als kleiner Gauner, der Gelder unterschlägt, hat den verrückten Plan, mit Hilfe zweier ihm unbekannter Ganoven seine Frau entführen zu lassen, um Geld vom Schwiegervater zu erpressen. Ich bezeichne diesen Plan metaphorisch als einen Ritt auf dem Tiger. Nur ein realitätsferner, von unbewussten Fantasien beherrschter, größenwahnsinniger Mensch kann mit einem Lächeln auf dem Gesicht glauben, auf einem Tiger reiten zu können. Die Größenfantasie vom Ritt auf dem Tiger verhindert, dass Jerry sich Gedanken machen kann um den von ihm geplanten Ablauf der Entführung seiner Frau, dass er sich der Gefahren bewusst werden kann, die darin besteht, sich auf zwei, ihm unbekannte Ganoven zu verlassen. Seine Verleugnung von Gefahr speist sich aus seinen ihm nicht zugängigen analen Sexualfantasien, die mit Hilfe der Größenfantasie abgewehrt werden. Eine der letzten Szenensequenzen legt die Annahme des Wunsches nahe, von einem Mann sexuell penetriert zu werden Dort versucht Jerry, nur mit Unterhose und Unterhemd bekleidet, aus dem Fenster eines Hotelzimmers zu fliehen, als Polizisten, die ihn festnehmen wollen, an seine Tür klopfen. Sie ziehen den Fliehenden aus dem Fensterrahmen, werfen ihn bäuchlings auf sein Hotelbett und legen ihm Handschellen an, während er laut wimmert und schreit. Dabei beugen sie sich über den nur halb bekleideten Jerry. Durch die Gestaltung der Szene wird nahegelegt, dass Jerry tatsächlich anal penetriert wird.

Die getragene, melancholische Musik vom *Verlorenen Schaf*, die Jerrys Autofahrt nach Fargo begleitet, passt nicht zu den Ereignissen, die sich unmittelbar an die Fahrt anschließen und fordert eine Interpretation heraus. Die Insistenz, mit der Jerry Lundegaard versucht, die zwei Ganoven zu überreden, seine Frau zu entführen, ohne eine Antwort auf Carls wiederholtes Fragen zu geben, warum er seine Frau entführt haben will, ihn vielmehr damit zu bescheiden, dass es sich bei seinem Plan um eine persönliche Angelegenheit handele und alles gut bedacht sei, löst Unverständnis in der Interpretin aus. Hinzu kommt noch, dass der Beginn des Gesprächs mit den Ganoven geprägt ist von einem beständigen Hin und Her über die geplante Uhrzeit des Treffens. Carter Burwell (2003) führt zur Nichtübereinstimmung von Musik und Bild aus: „Eines der Dinge, die die Ironie in ihren Filmen [denen der Coens; M. Z] ausmacht, ist der Umstand, dass die Musik etwas anderes spielt als das, was man auf der Leinwand sieht, dies impliziert, dass es noch etwas anderes in der Welt [die zu sehen ist; M. Z.] gibt." (S. 206; Übers. M. Z.) Das Andere, das nicht zu sehen ist, besteht darin, dass Jerrys Suche nach Geld von seinen ihm nicht zugängigen, unbewussten Wünschen nach einer analen sexuellen Beziehung mit einem Mann motiviert ist. Seine hektische, getriebene, alle Vorsichtsmaßnahmen außer Acht lassende Suche nach dem Geld des Stiefvaters, stellt sich aus psychoanalytischer Sicht als Suche nach einem analen Koitus dar. Seine potenziellen Partner, die Gauner, schlagen seine sexuellen Wünsche aus, für deren Befriedigung ihm seine Frau Jean im Wege steht. Die bereits erwähnten wiederholten Fragen Carls machen deutlich, dass Jerry etwas sucht, was von den Gaunern zwar bewusst verstanden wird, schließlich entführen sie Jean ja auch, dass sie aber auf keinen Fall bereit sind Jerrys sexuelle Wünsche zu befriedigen. Die Gauner ziehen konventionellen Sex mit zwei Prostituierten im Hotel „Blue Ox" vor.

Nur die ersten Szenen, die das Treffen Jerry Lundegaards mit den beiden Gaunern gestalten, sind in Fargo angesiedelt. Die übrige Handlung des Films entwickelt sich in Minnesota und in Brainard County. Ich gehe deshalb davon aus, dass mit Fargo zwar eine Stadt in North Dakota gemeint ist, dass aber Fargo hauptsächlich eine Metapher für Jerrys halsbrecherischen Ritt auf dem Tiger darstellt, dessen Eigenarten er offenbar nicht einschätzte, als er sich auf diese gefährliche Reise begab. Die Ironie, die sich bereits durch das Auseinanderklaffen von Musik und Bild ergeben hatte, setzt sich jetzt in der Fehlhandlung Jerrys fort, der nicht bedachte, dass er das Auto hätte anmelden müssen, um dessen Händler-Nummernschilder durch Überführungsnummern zu ersetzen. Eben dieser Fehler führt dann auch zum Misslingen von Jerrys Plan, wenn die Ganoven auf ihrer Fahrt in ihr Versteck im Wald mit der entführten Frau Jerrys auf dem Rücksitz von einem Verkehrspolizisten angehalten werden, dem die Händler-Nummernschilder am Auto aufgefallen waren. Sie töten den Polizisten und zwei Frauen, die auf der nächtlichen Straße Zeuginnen hätten werden können. Jerry scheitert an seinem eigenen Entführungsplan, und bezahlt dieses Scheitern mit dem Verlust seiner Freiheit. Aber nicht nur dies; er hat auch den Tod des Streifenpolizisten, der unschuldigen Frauen, aber insbesondere den Tod seiner Frau und seines Schwiegervaters verursacht, ohne es zu wollen. Seine Größenfantasien vom Ritt auf dem Tiger und seine abgewehrten homosexuellen Wünsche und Fantasien verursachen sein Scheitern. Um noch einmal die Metapher vom Ritt auf dem Tiger zu bemühen, ließe sich auch sagen, dass in der Verhaftungsszene der halb bekleidete, bäuchlings auf dem Bett liegende Jerry, dem die Polizisten Handschellen anlegen, dem Mann im Bauch des Tigers des oben erwähnten Limericks gleicht. Sollten die Polizisten schmunzeln wie der Tiger, der den Mann in seinem Bauch trägt?

Anders als der Protagonist, der getrieben ist von der Ausführung seines Planes, der – wie bereits ausgeführt – motiviert ist durch seine unbefriedigten homosexuellen Fantasien und Wünsche, die zugleich abgewehrt werden durch seine Größenfantasie vom Ritt auf dem Tiger, repräsentiert die kluge, hochschwangere Polizeichefin von Brainerd County, Marge Gunderson, das Realitätsprinzip. Jerry ist ein verlorenes Schaf, ohne es zu wissen. Anders als die Protagonistin Abby in *Blood Simple,* die einen wesentlichen inneren Anteil an den Verbrechen der Männer hatte, die alle zu Tode kommen, während sie überlebt, ist Marge nicht Teil des Verbrechens. Sie verfolgt aufmerksam das Treiben Jerrys, das dem Ritt auf dem Tiger gleicht. Angekommen am Tatort formuliert sie sehr schnell die These, dass es sich bei dem Auto, in dem Carl und Gaear die entführte Jean zu ihrem Versteck im Wald bringen wollten, um ein gestohlenes Auto handeln muss, da seine Händler-Nummernschilder nicht mit Überführungsschildern ausgetauscht wurden.

Marge verletzt alle Erwartungen, die die Zuschauer an eine polizeiliche Autorität haben mögen. Ihr ungewöhnliches Outfit, ihre Polizeiuniform und die Polizeimütze mit dem Sheriffstern, die nicht zu ihrem hochschwangeren Äußeren zu passen scheinen, vermitteln Humor. Anders als Jerry, der seinem kleinbürgerlichen, von sexueller Einschränkung gekennzeichneten Leben mit einer vom eigenen Vater völlig abhängigen Frau mithilfe seines verbrecherischen Planes entkommen will, persifliert Marge über den Humor eben dieses Kleinbürgertum Minnesotas. Bereits bei ihrem ersten Erscheinen, nachdem die Verbrechenbegangen wurden, ist sie in einem kleinbürgerlich ausgestatteten Zimmer zu sehen. Während erneut die Titelmusik vom Beginn des Films, die Variation vom *Verlorenen Schaf* zu hören ist, wird das Innere eines Zimmers sichtbar, das mit der Musik wenig zu tun hat, wodurch Ironie und Komik unterstrichen werden, diesmal in Zusammenhang mit der Figur der Polizeichefin Marge Gunderson und ihren Mann Norm. Zu sehen sind die Zeichnung eines Enterichs, Farbtöpfe mit Pinseln, aufgestapelte Bücher, Entenfiguren auf Sockeln sitzend. Norm, der, wie man später erfährt, Hobby-Maler ist, und Marge liegen schlafend im Bett als das Telefon klingelt und Marge vom Mord am Streifenpolizisten und den beiden Frauen unterrichtet wird. Über dieses Wissen verfügen die Zuschauer bereits, sie waren ja zu Zeugen der Verbrechen in Form von „uneingeschränkter Narration“ (Bordwell u. Thompson 2001, S. 71) geworden.

In der letzten Szenensequenz des Films ist Marge Gundersons Humor besonders mitreißend gestaltet. Norm, der die Nachrichten im Fernsehen gesehen hat, kommentiert die Neuigkeit. Zu Marge gewandt sagt er: „Sie haben es gebracht“. Wer nun glaubt, dass er sich auf die erfolgreiche Arbeit Marges bezieht, wird in seinen Erwartungen verletzt. Norm teilt ihr sichtlich frustriert mit, dass sein Entenentwurf nur für eine Drei-Cent Briefmarke gewählt worden sei. Sein Konkurrent habe mit seinem Entwurf die wichtige 29-Cent-Briefmarke gewonnen. Marge tröstet ihn, bei jeder Erhöhung, der Post brauche man auch 3 Cent Briefmarken. Auf diese Tröstung reagiert er zufrieden. Diese letzte Szene, die nicht zu Marges Einsatz bei der

Aufklärung der Morde passt, verbannt auf eine ironische Weise die Verbrechen in das Reich der Fiktion. Sie hat alle Morde aufgeklärt und auch Jerrys verbrecherischen Plan entschlüsselt. Zuletzt verhaftet sie Gaear und bringt ihn im vergitterten Polizeiwagen zum Gefängnis. Der Konvoi wird, wie in der ersten Szene auf einer verschneiten Straße sichtbar, während erneut die Komposition Carter Burwells vom „Verlorenen Schaf" zu hören ist. Diese Wiederholung lässt die Vermutung zu, dass es immer wieder ein neues fiktives Fargo geben wird.

DER MANN OHNE EIGENSCHAFTEN: THE MAN WHO WASN'T THERE (2001)

Inhalt

Im Jahr 1949 arbeitet Ed Crane (Billy Bob Thornton) als einfacher Friseur im kalifornischen Santa Rosa. Er ist verheiratet mit Doris (Frances McDormand), die Alkoholprobleme hat. Das Friseurgeschäft, in dem er arbeitet, gehört seinem Schwager Frank (Michael Badalucco). Ed schneidet einem Besucher, Creighton Tolliver (Jon Polito), die Haare und erfährt, dass Tolliver Investoren sucht, die ihn bei der Entwicklung der Technologie der chemischen Reinigung mit 10.000 Dollar unterstützen können. Daraufhin erpresst Ed den Chef seiner Frau Doris, „Big Dave" Brewester (James Gandolfini), von dem er – zu Recht – annimmt, dass er eine intime Beziehung mit Doris unterhält. Er schreibt ihm einen anonymen Brief und droht ihm, sein Verhältnis mit Doris an die Öffentlichkeit zu bringen. „Big Dave", der von Tolliver erfahren hat, dass Ed Crane der Verfasser des anonymen Briefes ist, teilt diesem sein Wissen mit und versucht ihn zu töten. Zuvor hatte er bereits Tolliver zu Tode geprügelt. In einer handgreiflichen Auseinandersetzung ersticht Crane Big Dave mit einem Zigarrenmesser.

Die Strafverfolgungsbehörden finden heraus, dass Doris Fälschungen in der Buchhaltung in Big Daves Modegeschäft vorgenommen hat. Sie wird verhaftet, und zugleich des Mordes an Big Dave angeklagt. Es droht ihr die Todesstrafe. Ed heuert Freddy Riedenschneider (Tony Shalhoub), einen teuren Strafverteidiger aus Sacramento an. Um ihn bezahlen zu können, musste Frank, sein Schwager, eine Hypothek auf das Friseurgeschäft aufnehmen. Aber noch bevor es zum Gerichtsverfahren kommt, erhängt sich

Doris in ihrer Gefängniszelle. Frustriert verlässt Riedenschneider Santa Rosa. Ed Crane wendet sich dem Teenager Birdy Abundas (Scarlett Johansson) zu, der Tochter eines Freundes. Er hört ihr zu, wenn sie auf dem Klavier Beethoven-Sonaten spielt. Er setzt sich nun in den Kopf, ihr Manager zu werden und sie dazu zu überreden in San Francisco einem Musiklehrer vorzuspielen. Er möchte ihr die Karriere einer Pianistin ermöglichen. Doch der Musiklehrer teilt Ed mit, dass Birdy kein musikalisches Talent habe. Sie könne vielmehr eine talentierte Stenotypistin werden. Auf dem Rückweg von San Francisco versucht Birdy im Auto Ed mit Oralsex zu verführen. Dies hat jedoch zur Folge, dass Ed die Kontrolle über den Wagen verliert und mit einem entgegenkommenden Auto zusammenstößt. Als Ed im Krankenhaus aus seiner Bewusstlosigkeit erwacht, teilen ihm zwei Polizisten, die an seinem Bett stehen, mit, dass er verhaftet sei. Er wird des Mordes an Tolliver angeklagt, dessen Leichnam in einem See gefunden wurde; in seinen Taschen fand man den Vertrag, den er einst mit Ed Crane geschlossen hatte. Ed verpfändet sein Haus und lässt Riedenschneider zu seiner Verteidigung kommen. Als sich jedoch Frank am ersten Tag der Gerichtsverhandlung wütend auf den Anwalt stürzt, reist dieser erneut ab. Ein daraufhin vom Gericht bestellter Anwalt kann nicht verhindern, dass Ed zum Tod auf dem Elektrischen Stuhl verurteilt wird. Im Voice-over hatte er vor seinem Tod seine Geschichte erzählt. Aus ihr ist zu erfahren, dass er keine seiner Entscheidungen bereut.

Vorbemerkungen

Die Erwartungsverletzungen in *The Man Who Wasn't There* enthüllen fast ausschließlich Destruktion und Selbstdestruktion. Um der Destruktion weiter auf die Spur zu kommen, gehe ich einen Schritt weiter, um einen unbewussten Gehalt aus den Filmbildern interpretatorisch zu entfalten. Dabei interessiert es mich insbesondere, zu verstehen, warum der Friseur Ed Crane mit seinen Handlungen konsequent sein Leben und das seiner Frau zerstört, obgleich er dies bewusst keineswegs beabsichtigt. *The Man Who Wasn't There* zeichnet sich durch innere Leere und Lebensüberdruss einerseits, anderseits durch Größenwahn und fehlende Realitätseinschätzung aus. Ed Crane hat sich von der libidinösen Beziehung mit seiner Frau zurückgezogen; der Film lässt darüber hinaus offen, ob sie jemals existierte. In einer der ersten Szenen des Films teilt er den Zuschauern mit, dass seine Frau schon nach kurzer Bekanntschaft eine Heirat mit ihm anstrebte. Sie habe keine Notwendigkeit gesehen, lange zu warten, denn sie fühlte sich ihm innerlich verwandt. Im Versuch, die merkwürdige Beziehung zwischen Ed und Doris zu verstehen, führt mich implizites Wissen zu der Annahme, dass es ein stillschweigendes, nicht verbalisiertes Einvernehmen über Destruktion zwischen den Protagonisten besteht. Ihre Verständigung findet nicht über Worte statt, sondern über Gesten und oder wechselseitiges Schweigen.

Erwartungsverletzungen

Die Wiedergabe des Filminhalts verweist bereits darauf, dass die Inszenierung mit beständigen, teilweise unvorhersehbaren Wendungen spielt. Anders ausgedrückt, der Film verletzt beim Publikum bereitliegende Erwartungen. Die Wendungen in *The Man Who Wasn't There* stehen im Dienst der Inszenierung einer logischen, kohärenten, kontinuierlichen Geschichte, in der die Protagonisten stets zum Scheitern verurteilt sind, auch dann, wenn sie immer wieder Anstrengungen machen, Erfolg mit ihren Handlungen zu erzielen. Einfühlsam zeichnen die Coens ihre Protagonisten in ihren von Verzweiflung geprägten Handlungen. Sie geben diese „Unglücksraben" nie der Lächerlichkeit preis.

Das Schicksal von Ed Crane, *The Man who wasn't there*, gestaltet sich insbesondere über die Inszenierung von beständigen unerwartbaren und unerwarteten Wendungen, die die unausweichliche innere Verstrickung des Protagonisten eindrucksvoll wiedergeben. Diese stehen nicht im Dienst der Erzeugung von Humor. Sie markieren vielmehr die Schritte Ed Cranes, die zu seinem Tod auf dem Elektrischen Stuhl führen. Dass der Toupet tragende Kunde, dem Ed die Haare schneidet, wobei offenbleibt, ob es überhaupt noch welche gibt, die zu schneiden sind, Ed dazu veranlasst, eine kriminelle Tat zu begehen, um in den Besitz von 10.000 Dollar zu kommen, ist jenseits jeglicher Erwartung. Wie bereits ausgeführt, beabsichtigt Ed, Big Dave zu erpressen, um in den Besitz des Geldes zu kommen. Die Übergabe des Geldes an Tolliver in dessen Hotelzimmer lässt sich als erneute Erwartungsverletzung verstehen. Spätestens jetzt würde man erwarten, dass ein Geschäft mit dem schmierigen Tolliver nicht angesagt ist. Diese Erwartungsverletzung wird viele weitere nach sich ziehen. Ed hatte „Big Dave" zu erpressen versucht, indem er anonym diesem angedroht hatte, seine Liaison mit Doris zu veröffentlichen. Dieser wiederum war von Tolliver informiert worden, dass Crane den anonymen Brief geschrieben hatte. Big Dave bittet Crane zu sich in sein Büro, um ihm mitzuteilen, dass er darüber informiert ist, dass er die Briefe geschrieben habe. Obgleich er beabsichtigt, Crane zu töten, ersticht dieser Big Dave mit einem Zigarrenmesser. Diese Erwartungsverletzung hat weitreichende Folgen für den weiteren Weg Cranes, der mit seinem Tod enden wird.

Die Zuschauer sind mit einer erneuten, unerwarteten Wendung der Ereignisse konfrontiert, wenn Doris, Cranes Ehefrau, des Mordes an Big Dave, ihrem Liebhaber, und der Manipulation der Buchhaltung, angeklagt wird. Sie hatte dies getan, um Big Dave zu ermöglichen, die von Crane erpressten 10.000 Dollar zu bezahlen. Während Cranes Besuch in Big Daves Büro, der mit dessen Ermordung durch Crane endet, ist Doris nach der Rückkehr von einer Familienfeier volltrunken und schlafend auf ihrem Bett zu sehen. Wie auch in *Fargo* (1996) bedienen sich die Brüder in dieser Szenenabfolge einer Variante der „uneingeschränkten (unrestricted) Narration“ (Bordwell u. Thompson 2001, S. 71). „Wir wissen mehr, wir sehen und hören mehr, als einige oder alle Charaktere es vermögen. Dieses extreme narrative Wissen wird häufig als allwissende (omniscent) Narration bezeichnet“ (ebd. S. 71; Übers. M. Z). Aus psychologischer Sicht bleibt es zunächst unverständlich, warum es zu dieser Anklage kommt. Die plausibelste Erklärung besteht in der Inszenierung einer erneuten, unerwarteten Wendung, einer erneuten Erwartungsverletzung. Die Anklage gegen Doris wegen des Mordes an Big Dave ist filmästhetisch von besonderer Bedeutung, werden doch durch diese plötzliche Wendung weiter wesentliche Weichen für Ed Canes Stolpern in sein Unglück gestellt.

Ed lässt zur Verteidigung seiner Frau den sündhaft teuren Strafanwalt Freddy Riedenschneider aus Sacramento kommen. Erneut verletzt die Inszenierung Erwartungen, die sich mit dem Auftreten eines renommierten Strafverteidigers verbinden mögen. Das erste Auftreten Riedenschneiders in Santa Rosa löst Lachen aus. So beschäftigt er sich bei seiner Ankunft im ersten Gespräch mit Ed Crane nicht etwa damit, herauszufinden, wie es zur Anklage gegen Doris kam. Er teilt vielmehr seinem Auftraggeber mit, dass er sich im ersten Hotel am Platz eingemietet hat und dass er nur im teuersten Restaurant essen werde. Zusätzlich macht er Ed Crane klar, dass dieser keine Fragen zu stellen habe, denn er sei schließlich der Friseur und er – Riedenschneider – der Anwalt. Um den teuren Anwalt bezahlen zu können, hatte Ed Crane seinen Schwager Frank veranlasst, eine Hypothek auf das

Friseurgeschäft aufzunehmen, ein Familienunternehmen, das bereits Franks und Doris' Eltern aufgebaut hatten. Der Anwalt gibt das von der Bank geliehene Geld mit vollen Händen aus. Auch als Verteidiger gibt er eine komische Figur ab. Als Strategie trägt er Doris und Ed Crane eine Variante der Heisenbergschen Unschärfe-Theorie vor und schließt seine Ausführungen, indem er ausruft, dass man je näher man einem Thema komme, es umso weniger verstehe. Ohne sich um mögliche Einwände von Doris und Ed Crane zu kümmern, entwirft er seine eigene Theorie, wie es zu der Erpressung und zum Mord an Big Dave kam. Nachdem er einen heruntergekommenen Privatdetektiv beauftragt hat, über die Militärvergangenheit von Big Dave zu recherchieren, trägt er dem Paar Doris und Ed triumphierend vor, dass Big Dave ein Aufschneider war und dass er in Wahrheit seinen Militärdienst in einem Hinterstübchen in San Diego verbracht habe. Natürlich habe das jemand herausgefunden, ihn erpresst und später getötet. Eine weitere plötzliche Wendung im Geschehen zeigt den Verhandlungsraum, in dem die erste Vernehmung von Doris stattfinden soll. Sie erscheint jedoch nicht, da sie sich am Morgen vor der Gerichtsverhandlung in ihrer Zelle mit dem Gürtel des Kleides erhängt hat, das ihr Ed Crane zum Tag der Verhandlung gebracht hatte. Riedenschneider reist unverrichteter Dinge frustriert ab. Für die Filmästhetik ist die Inszenierung dieser erneuten, unerwarteten Wendung bedeutungsvoll; es geht den Coens keineswegs darum, psychologische Gründe für das Handeln von Doris anklingen zu lassen. Erst mithilfe der Übertragung lässt sich Ed Cranes Verhalten analysieren, hätte er doch bedenken müssen, dass es gefährlich war, seiner Frau einen Gürtel ins Gefängnis zu bringen.

Psychoanalytische Interpretation

Wie bereits ausgeführt stehen die vielfältigen Erwartungsverletzungen überwiegend nicht im Dienst der Erzeugung von Humor, eine Ausnahme bildet die Inszenierung des Auftretens von Riedenschneider. Filmästhetisch markieren sie vielmehr schicksalhaft und unausweichlich die Schritte Cranes, die zu seinem Tod auf dem Elektrischen Stuhl führen. Um jedoch Ed Cranes Autodestruktivität und Destruktivität auf die Spur zu kommen, bedarf es des Einsatzes von Übertragungen und implizitem Wissen, die eine unbewusste Motivation für sein Verhalten und seine Handlungen enthüllen können. Er selbst ist sich seiner Destruktivität seiner Frau und „Big Dave" gegenüber nicht bewusst.

Zu Recht bezweifelt Freddy Riedenschneider dass Crane aus Eifersucht Big Dave ermordete. Eifersucht hätte auf eine libidinöse Beziehung zwischen dem Friseur und seiner Frau verwiesen. Der Film spielt jedoch in großer Ausführlichkeit Ed Cranes Teilnahmslosigkeit, seine Gleichgültigkeit, seinen Lebensüberdruss durch. Er tut dies – wie schon erwähnt – über Erwartungsverletzungen. Bereits der Filmtitel *The Man who wasn't there* verweist auf Ed Cranes innere Leere. Man mag sich fragen, wer dieser Mann ist. Big Dave stellt diese Frage auch in einer Konversation mit Ed Crane, wenn er ihn fragt: „What kind of man are you?" (Was für ein Mann bist Du?). Ed kann ihm natürlich darauf keine Antwort geben, denn er weiß es ja selbst nicht. Weder der Protagonist, noch die Zuschauer wissen, was Ed Crane innerlich bewegt. Einem Automaten gleich schliddert er von einer unerwarteten Wendung in seinem Leben in die nächste. Gleichgültig blickt er seiner Frau beim Bingo-Spielen zu, wenn sie sich über einen Gewinn freut, wie ein Kind. Während Doris den Tisch deckt, weil Big Dave und seine Frau zum Dinner geladen sind, sitzt Ed teilnahmslos auf dem Sofa. Ebenso teilnahmslos und unbeeindruckt nimmt er dann am Abendessen teil. Es ist Big Dave, der mit seinen Erzählungen vom Krieg Doris zum Lachen bringt. Wenn er Big Dave „versehentlich" mit dem Messer ersticht, stellt sich bei ihm keine Regung von Schrecken oder Angst ein. Auch die Bestellung von Riedenschneider, der seine des Mordes angeklagte Frau, den tatsächlich er begangen hat, verteidigen soll, ist nicht seine Idee, sondern die eines Bekannten.

Das Zusammenspiel von Todes- und Lebenstrieb

Ich hatte weiter oben von der inneren Leere des Protagonisten und der fehlenden emotionalen Beziehung zu seiner Ehefrau Doris gesprochen. Übertragungsbewegungen meinerseits mit Ed Cranes schier gradlinigem Gang ins Verderben erzeugen in mir Gefühle von mangelndem Verständnis für die Haltung des Protagonisten, Hilflosigkeit, Gefühle von Beklemmung und physische Atemnot. Im Versuch, meine hilflosen Reaktionen zu verstehen, beziehe ich mich auf das von André Green (1993) vorgetragene Konzept vom Todestrieb, der sich – so Green – in Selbstdestruktion äußerst. Ich habe bereits in meiner Einführung ausführlich über die Theorie André Greens berichtet. Green geht in seinem Aufsatz von einer Dualität zwischen Todes- und Lebenstrieb aus. Es geht mir hier darum, nur so viel von Greens Theorie wiederzugeben, dass das Verhalten von Ed Crane psychoanalytisch verständlich wird. Green führt aus, dass es mit dem Abzug der Besetzungen von den einst libidinös besetzten Objekten auch zu einer Entleerung des Selbst kommt, die sich in Größenwahn, Selbst-Idealisierung und einer Nichtwahrnehmung von Realität äußert. Er bezeichnet diesen Prozess als „Desobjektalisierung". Er spricht in diesem Kontext auch von negativem Narzissmus. Dieser äußert sich in einem inneren Gefühl tödlichen Erlöschens und damit verbunden einer extrem beeinträchtigten Wahrnehmung von Realität. Der negative Narzissmus ist m. E. auch verantwortlich für Cranes Deal mit Tolliver. Diese Szene ist für den weiteren Verlauf der Filmhandlung von großer Bedeutung, stellt sie doch den ersten Schritt Cranes in sein Verderben dar. Die Tragweite seiner Handlung ist ihm bewusst keineswegs zugängig. In einem Anflug von Größenwahn glaubt er, das Geschäft seines Lebens zu machen, als der Big Dave erpresst, um Teilhaber von Tolliver zu werden. Cranes Teilnahmslosigkeit, das Desinteresse am Leben seiner Frau und auch seine Unfähigkeit, einen angemessenen Verteidiger für seine des Mordes angeklagte Frau zu finden, lassen sich mit dem Gefühl des inneren Erloschenseins erklären. Der Umstand, dass Crane seiner Frau in das Gefängnis für den ersten Verhandlungstag ein Kleid mit einem Gürtel bringt, lässt sich mit der Desobjektalisierung der Beziehung zu einer Frau verstehen; dient ihr der Gürtel doch dazu, sich zu erhängen.

Nun hatte Green auch von einem Konkurrieren der Lebens- und Todestriebe gesprochen. Es wäre deshalb vereinfachend, wollte man in dem Film *The Man Who Wasn't There* einseitig das Vorherrschen der Desobjektalisierung ausmachen. Es kommt vielmehr sowohl zu einem Abzug von den Objekten, als auch zu einer Suche nach ihnen. Nach seinem Unfall mit Birdy auf dem Rückweg von San Francisco hat Ed Crane, der im Krankenhaus im Koma im Bett liegt, einen Traum, in dem er seiner Frau Doris wieder begegnet. Der Traum lässt sich als Rückgängigmachen der Desobjektalisierung verstehen, als Sehnsucht Cranes nach dem Kontakt zu Doris. Dieser gestaltet sich dann aber wie immer, nämlich über beidseitiges Schweigen und stillschweigendes Einverständnis über Destruktivität. Die Hinwendung Ed Cranes zu Birdy ist nicht als Objektalisierungsversuch zu verstehen. In ihr manifestiert sich vielmehr negativer Narzissmus. Sein Wunsch, sie möge eine Karriere als Klavierspielerin machen und seine Vorstellung, er wolle ihr Manager werden, erstaunen. Dieser Plan wird nicht realisiert, nicht nur durch die negative Einschätzung des Musiklehrers hinsichtlich der künstlerischen Fähigkeiten Birdys, sondern auch durch eine weitere unerwartete Wendung in der Handlung. Auf dem Rückweg von San Francisco will das junge Mädchen Ed sexuell verführen. Davon überrascht, verursacht er einen Unfall. Zunächst bleibt offen, ob Crane und Birdy den Unfall überleben. Eine erneute Wendung jedoch lässt keine Überlegungen hinsichtlich des Schicksals von Birdy und Ed zu. Unmittelbar nach dem Unfall erwacht Ed Crane im Krankenbett aus dem Koma und wird des Mordes an Tolliver angeklagt. Seine Verurteilung stellt jedoch keine Buße für seine Schuld an den von ihm begangenen Verbrechen dar; es handelt sich vielmehr um eine erneute überraschende Wende im Geschehen. Auf sein Konto geht der Tod Big Daves und Doris'. Er ist auch dafür verantwortlich dafür, dass sein Schwager Frank, den der Tod seiner Schwester schwer getroffen hat, alkoholabhängig wurde. In der Inszenierung von Ed Cranes Verurteilung zum Tode manifestiert sich erneut der negative Narzissmus. In der Todeszelle schreibt er seine Geschichte für ein Männer-Magazin auf.

Die Regression auf die Manifestationen des Todestriebes, womit Green den Abzug der Besetzungen von den Objekten meint, hat massive Auswirkungen auf Ed Cranes erloschene Sexualität insbesondere in der Beziehung zu seiner Frau. Birdys Versuch, Ed im Auto sexuell zu verführen, löst in ihm Ängste aus, sodass der die Kontrolle über sein Auto verliert und einen Unfall verursacht. Als er nach dem Tod seiner Frau und ihrer Obduktion erfährt, dass sie im dritten Monat schwanger war, teilt er den Überbringern kühl mit, er habe schon seit Jahren keine sexuelle Beziehung mehr mit seiner Frau. Seine Vermutung, dass sie eine intime Beziehung mit Big Dave verband, bestätigt sich indirekt mit der Mitteilung von ihrer Schwangerschaft. In einer der Eingangsszenen liegt Doris in der Badewanne und bittet Ed, ihr die Beine zu rasieren. Anstatt sich zu Doris wie ein Liebhaber in die Badewanne zu legen, fährt er professionell mit einer Rasierklinge über ihr Bein, um es zu enthaaren. Ihr Bein und die Rasierklinge erscheinen in Großaufnahme, womit dieser Szenensequenz eine besondere Bedeutung beigemessen wird. Vor seinem Gang zum Elektrischen Stuhl gibt es eine nahezu identische Szene, nur ist es diesmal sein Bein, dass enthaart wird. Über implizites Wissen gelange ich zu dem Schluss, dass es eine stillschweigende Übereinkunft zwischen Doris und Ed Crane gibt. Beide sind nicht über Liebe, sondern über Destruktivität und Grausamkeit miteinander verbunden. Während der Enthaarung von Doris' Bein denkt Ed Crane bereits über seine verbrecherischen Pläne, über die geplante Erpressung von Big Dave nach. Er begehrt den Körper von Doris nicht, er behandelt ihn vielmehr, indem er ihre Beine enthaart. Zu Beginn des Films wird Doris in enganliegender Unterwäsche sichtbar. Ed beschränkt sich darauf, den Reißverschluss ihres Kleides zu schließen.

Schlussbemerkungen

Anhand der Analyse des Films *The Man Who Wasn't There* habe ich verdeutlicht, dass psychoanalytische Erfahrung sich aus einer Verschränkung von psychoanalytischer Methode und einer theoretischen Abstraktionsebene herstellt. Ich habe die psychoanalytische Methode der Interpretation des Films angepasst, wobei es nicht – wie in den psychoanalytischen Behandlungen – um ein Wechselspiel zwischen Übertragung und Gegenübertragung geht, sondern vielmehr um Übertragung der Interpretin und ihres impliziten Wissens beim Auffinden unbewusster Anteile aus den Filmbildern.

INSZENIERUNG EINES POSTMODERNEN ANGSTTRAUMS: BARTON FINK (1991)

Inhalt

Barton Fink (John Turturro) ist ein junger erfolgreicher Bühnenautor in New York, der großen Erfolg hat mit einem Theaterstück über das Milieu der einfachen Leute. Die Filmindustrie Hollywoods interessiert sich für den jungen Autor. Er wird bei Capitol Pictures unter Vertrag genommen. In Los Angeles angekommen quartiert er sich in das schäbige Hotel Earle ein, weil er glaubt, dort am ehesten das Leben des kleinen Mannes beobachten zu können. Der Chef von Capitol Pictures, Jack Lipnick (Michael Lerner), fordert von Fink ein Drehbuch für einen Catcher-Film. Barton Fink sitzt jedoch Tag aus Tag ein vor einem fast leeren Blatt. Er leidet an einer Schreibblockade. Er lernt seinen Nachbarn Charlie Meadows (John Goodman) kennen, der ihm das catchen beibringen will. Meadows stellt sich bei Fink vor als Versicherungsvertreter, der „ein wenig Seelenfrieden" insbesondere an Frauen verkaufe. Auf einer Herrentoilette lernt Barton Fink den ausgeflippten Buchautor Mayhew (John Mahoney) kennen, den er bewundert. Später besucht er ihn zu Hause und trifft ihn betrunken und wild randalierend an, wie zuvor in der Herrentoilette. Er lernt auch dessen Geliebte und Sekretärin, Audrey Taylor (Judy Davis) kennen. Später bittet er sie zu sich ins Hotel, damit sie ihm beim Schreiben helfen solle. Nach einer gemeinsam verbrachten Nacht wacht er morgens auf und findet Audrey tot in der riesigen Blutlache vor. Er weint an Charlie Meadows Schulter und bittet ihn, im zu glauben: „Ich war es nicht", schwört ein über das andere Mal. Fink schreibt die Geschichte „Der Stämmige", die jedoch von Lipnick nicht akzeptiert wird. Meadows vereist. In seiner Abwesenheit erfährt Barton Funk, dass Charlie der Serienmörder Carl Mundt, genannt „Mörder-Mundt", sei, der seine Opfer erschieße und sie dann enthaupte. Später kommt Charlie zurück, eingehüllt in Flammen. Er übergibt Fink eine Schachtel, ohne ihm zu sagen, was sie enthält. Barton Fink verlässt das Hotel und begibt sich mit der Schachtel in der Hand, von der nicht weiß, was sie enthält, an den Strand. Dort begegnet er der Frau, die er bisher nur von einem Bild kannte, das über seinem Schreibtisch hing. Auf dem Bild blickte die Frau aufs Meer.

Interpretation

Der Plot des Films kreist um die Schreibblockade des Protagonisten Barton Fink und um dessen Unvermögen, diese zu überwinden. Aus den dargebotenen Bildern, der Art und Weise des Schnitts, des Mise-en-scène, dem Einsatz von Beleuchtung und Ton füge ich, vom Plot ausgehend, eine Geschichte zusammen, die wie ein Traum gestaltet ist. In seinem Traum fürchtet Barton die körperliche Nähe sowohl zur Frau wie auch zum Mann, die zugleich aber auch beide Anziehung auf ihn ausüben. Seine Fantasien zum Geschlechtsverkehr von Mann und Frau sind angsterfüllt, obwohl er beiden nahe sein möchte. Er ist in einen unaufgelösten ödipalen Konflikt verstrickt.

Wie bereits eingangs erwähnt, haben die Coen-Brüder einen einzigartigen und ungewöhnlichen Stil des Filmemachens entwickelt, der durch eine faszinierende Mischung aus schwarzem Humor, Ironie und Gewalt gekennzeichnet ist. Der Einfluss des US-amerikanischen Film noir ist unverkennbar, doch haben sie seine Mittel ganz und gar ihrem eigenen postmodernen Stil anverwandelt.

Wenn ich im Folgenden von einem Traum spreche, beziehe ich mich in erster Linie nicht auf seinen Inhalt, sondern auf seine formalen Aspekte. Vom Inhalt eines Traums irgendwelche direkten Schlüsse auf den Inhalt eines Films zu ziehen, scheint nicht zulässig zu sein, denn auch wenn der Traum gewisse Entsprechungen zum Film aufweist, gibt es doch auch wesentliche Unterschiede zwischen ihnen. Als wichtigster ist zu nennen, dass der Film ein gestaltetes ästhetisches Produkt ist, während der Traum ein psychisches Produkt darstellt. Die formale und ästhetische Komposition von Barton Fink gibt mir Gelegenheit, auf das von Bertram Lewin (1946; 1953) begründete Konzept des bildlosen oder leeren Traums zurückzugreifen. Bildlose Träume sind dadurch gekennzeichnet, dass sie Gefühlszustände und Körpersensationen evozieren, die nicht mit bildhaften Vorstellungen verknüpft sind. Sie lassen aber denselben Charakter der Wunscherfüllung erkennen wie Träume mit Bildern und können sich unbemerkt in diesen verbergen. Vor diesem psychoanalytischen Hintergrund können wir nun die Hypothese formulieren, dass der Film *Barton Fink* seine technischen Mittel und schöpferischen Ressourcen dafür einsetzt, psychische Gegebenheiten wie Ekel, Widerwillen und vor allem eine ganz und gar unkontrollierbare Angst in ein wahrnehmbares Außen zu übersetzen, nämlich in ein so gut wie leeres Blatt Papier in Bartons Schreibmaschine, einen leeren Hotelflur, in leere Wände mit nichts darauf als der abblätternden Tapete, in ein Hotelzimmer, das so gut wie leer zu sein scheint. Die Auflösung von Zeit und Raum in dem Film legt den Schluss sehr nahe, dass wir es mit dem Setting eines sich entfaltenden Traums zu tun haben. Weil in dem Film keine zeitliche Kontinuität existiert, kam es mir als der Interpretierenden höchst schwierig und fast unmöglich vor, den Dialogsequenzen zu folgen und mir ihre Inhalte zu merken, insbesondere bei den Dialogen zwischen Barton Fink und Charlie Meadows. Dies ist aber so intendiert, um die traumartige Komposition des Films zu unterstreichen.

Die filmischen Techniken von Mise-en-scène, Setting, Beleuchtung und Ton laden den Raum, den Barton im Hotel Earle bewohnt, mit beängstigenden, aber auch attraktiv und schmutzig wirkenden Konnotationen auf. Der Filmkritiker André Bazin, hat zu der aktiveren Rolle, die das Setting im Film im Vergleich zu anderen szenischen Künsten einnimmt, Folgendes gesagt: „Es gibt Theater nicht ohne Menschen. Das filmische Drama kann ohne Schauspieler auskommen. Eine Tür, die schlägt, ein Blatt im Wind, die Wellen, die an einen Strand rollen, können dramatische Kraft erlangen. Einige filmische Meisterwerke setzen den Menschen nur beiläufig ein: als Komparsen oder als Kontrapunkt zur Natur, die in Wahrheit die Hauptrolle spielt." (Bazin 2004, S. 179) An Barton Fink können wir studieren, wie das Setting eine solche aktive Rolle spielt. Meine psychoanalytische Deutung gründet auf dieser spezifischen filmischen Struktur, in der dem Setting eine große Bedeutung zukommt. Ausgehend von meiner Wahrnehmung des Films werde ich zunächst Hypothesen zu den unbewussten Ängsten und Fantasien der Hauptfigur Barton Fink formulieren. Die Räume innerhalb des Hotel Earle können als Symbolisierungen von verschiedenen Aspekten der Weiblichkeit gesehen werden.

Lipnick, der Studioboss von Capitol Pictures, der Barton unter Vertrag genommen hat, damit er ein Drehbuch für einen Catcher-Film mit dem Schauspieler Wallace Beery in der Hauptrolle schreibt, bietet ihm an, er könne in Los Angeles eine andere, bessere Unterkunft bekommen. Barton will aber lieber weiterhin im Hotel Earle wohnen, angeblich um wie „der einfache Mann" zu leben. Als er zuvor dort eintraf, sah es durch eine Überblendung kurz so aus, als ergieße sich eine Welle in das Hotelfoyer, die sich an einem Felsen am Meeresufer bricht; in gezähmter Form ist die Welle später auf dem kitschigen Foto zu sehen, das über Bartons Schreibmaschine an der Wand hängt. Darauf sitzt eine junge Frau im Badeanzug am Strand und blickt aufs Meer hinaus. Die Inszenierung der ersten Hotelsequenzen lässt sich so lesen, dass sie Bartons Wassergeburt-Fantasien wiedergibt. Als er zum ersten Mal zu seinem Zimmer geht, erstreckt sich vor ihm ein langer, trister, leerer Korridor. Er könnte die Genitalien einer Frau symbolisieren. In späteren Einstellungen sind in dem verlassenen, spärlich beleuchteten Flur nichts als die Schuhe der Hotelbewohner (die wir nie zu Gesicht bekommen) zu sehen. Er lässt sich als das Innere einer Frau auffassen, die als symbolisches Pendant der Schuhe den Penis in sich birgt. Als Barton mit Audrey schläft, fährt die Kamera auf das weiße Waschbecken im Badezimmer zu und taucht in den schwarzen Abfluss ein, mit tosenden Geräuschen, die suggerieren, dass Barton in diesen Abgrund eingesaugt wird. Hier ist also mit filmischen Mitteln seine Angst dargestellt, von der Vagina der Frau verschlungen zu werden. Der heruntergekommene, verschlissene, klebrige Charakter des gesamten Hotels lässt sich als Symbol für eine anale Lesart der Vagina verstehen, die, wie wir wissen, zur infantilen Kloakentheorie der Geburt gehört. Falls diese Sichtweise zutrifft, will Barton im Hotel Earle offenbar nicht, wie er sagt, das Leben des einfachen

Mannes leben, sondern die Genitalien der Frau erforschen, die er einerseits mit dem Anus gleichsetzt und andererseits als Vagina erlebt, die ihn zu verschlingen, das heißt zu töten droht. Im Inneren der Frau, verborgen in ihrem Bauch (dem Korridor), vermutet er Mayhews Penis, den er sich später zu vernichten anschickt, zusammen mit dem Behältnis, das ihm Schutz bietet (Audrey), aus Neid und Eifersucht auf das vereinigte Paar der Urszene. Wie wir später sehen werden, bietet Barton sich Audrey zweimal als der bessere Partner an, bekommt aber jedes Mal eine Abfuhr. Unter dem Vorwand, dass sie ihm beim Schreiben seines Catcher-Drehbuchs helfen soll, lockt er sie in sein Hotel. Dort erfährt er, dass die meisten von Mayhews Büchern in Wirklichkeit von Audrey stammen, was Barton in ohnmächtige Wut versetzt. An der Oberfläche ist er nur von Mayhew enttäuscht, den er offenbar bewundert hatte, doch die psychoanalytische Interpretation macht die tiefere Bedeutung seiner Wut kenntlich, die schließlich in einen Mord mündet. Im Sinne der oben vorgeschlagenen Deutung, dass Barton neidisch und eifersüchtig auf den Penis in Audreys Bauch ist, lässt sich ihr Bekenntnis, die Autorin der Texte zu sein, die Mayhew als die seinen ausgibt, als Eingeständnis auffassen, dass sie den Penis ihres Partners in sich aufnimmt und so neues Leben mit ihm hervorbringt, nämlich Literatur.

Barton ist in einen unaufgelösten ödipalen Konflikt verstrickt, der in Urszene-Fantasien und in primitiven Fantasien von Wasser- und Kloakengeburt zum Ausdruck kommt; er erlebt sie als übermächtig und unkontrollierbar, sodass sie seine Aufmerksamkeit völlig in Beschlag nehmen. Einen Ausweg über die Homosexualität gibt es für Barton Fink nicht, weil Kastrationsängste ihn versperren. Und so erscheint er am Ende des Films als unbestimmte Größe, gleichsam als „unbeschriebenes Blatt“, ein Mann, der am Strand entlanggeht und eine Schachtel bei sich trägt, die ihm nicht gehört und deren Inhalt er nicht kennt – ebenso wenig, wie er sich selbst kennt. Wenn Barton nicht weiß, was in der Schachtel ist, die ein Symbol für das weibliche Genital sein könnte, ist das ein nachdrücklicher Hinweis auf seine gescheiterte weibliche Identifizierung. Das Streben nach dieser Identifizierung nimmt in dem Film viel Raum einnimmt. Meine Hypothese ist, dass auf der symbolischen Ebene Bartons Schreiben als Geburtsvorgang und seine Schreibblockade als Fehlgeburt zu verstehen ist. In einer der letzten Szenen des Films nimmt Barton, nachdem Charlie abgereist ist, die mit Schnur verpackte Schachtel hoch und betrachtet sie eingehend, um sie dann neben seiner Schreibmaschine auf dem Schreibtisch abzusetzen. Dort bleibt sie stehen, bis er sie beim Verlassen des Hotels mitnimmt. Dass er das Paket nicht öffnet, lässt sich mit seiner Schreibblockade in Zusammenhang bringen. Seine Angst vor dem, was darin sein könnte, ist stärker als seine Neugier. So bleibt ihm die eigene Kreativität ebenso unzugänglich wie der Inhalt der Schachtel.

Bartons Ängste, aber auch seine Neugier kreisen also offenbar um das, was zwischen Mann und Frau vor sich geht. Insofern kommt den Szenen, in denen er dem bewunderten Autor W. P. Mayhew begegnet, eine besondere Bedeutung zu. Dieser lebt mit seiner Sekretärin und Geliebten Audrey Taylor zusammen. Zur ersten Begegnung kommt es auf einer Herrentoilette, wo Barton auf Geräusche aufmerksam wird. Der bewunderte Autor ist ein Trinker und übergibt sich in eine Kloschüssel. Als Barton später auf seine Einladung zurückkommen möchte, doch einmal vorbeizuschauen, und sich Mayhews Wohnung nähert, ist von draußen zu hören, wie dieser tobt und rast, flucht, jammert und Geschirr zerschmeißt. Jetzt kommt erstmals auch Audrey ins Bild. Als Barton an der Tür klingelt, öffnet diese schöne, geheimnisvoll aussehende Frau die Tür. Später machen Barton, Mayhew und Audrey zusammen ein Picknick. Diese Szene endet in ähnlicher Weise damit, dass der betrunkene Mayhew singt, herumschreit und flucht. Zuvor versetzt er seiner Geliebten, die ihn beruhigen will, einen so heftigen Schlag, dass sie fast zu Boden geht. Wenn wir davon ausgehen, dass uns der Film – psychoanalytisch gesprochen – die Urszene-Fantasien des Protagonisten vorführt, dann haben diese einen offenkundig anal-sadistischen Charakter, wobei im einen Fall der Frau und im anderen Fall dem Mann die Rolle des Opfers zukommt. In einem späteren Gespräch zwischen Audrey und Barton erfahren wir, dass Mayhew ein Opfer seiner „geistig gestörten" Ehefrau Estelle ist. In der Picknickszene, in der der Autor seiner Geliebten einen Faustschlag versetzt und sie beinahe niederstreckt, wird sie zu seinem Opfer. Das trunkene Gebrüll des Autors, das die „Hintergrundmusik" des Gesprächs zwischen Audrey und Barton bildet, klingt verzweifelt, aber auch bedrohlich und überaus aggressiv. Barton vermag sich nach wie vor weder mit dem Opfer noch mit dem Täter zu identifizieren (ob nun mit Mann oder Frau); stattdessen flüchtet er sich in die neutrale Rolle dessen, der als Retter auftritt. Er bietet sich Audrey als der bessere Mann an, als er Mayhew als „elenden Mistkerl" bezeichnet oder als er ihr vorschlägt, allein mit ihm auszugehen. Wenn er danach vor dem fast leeren weißen Blatt in der Schreibmaschine sitzt und, überwältigt von Ängsten, außerstande ist, etwas zu Papier zu bringen, können wir dies als Hinweis darauf sehen, dass er, der über das Catchen schreiben soll, tatsächlich von Urszene-Fantasien besessen ist, die ihn ständig bedrängen und einen sadomasochistischen Ringkampf zwischen einem Mann und einer Frau zum Inhalt haben, in den auch er selbst als der Retter einbezogen ist, als Beobachter, aber auch als Teilnehmender.

Barton Finks Blick fällt immer wieder auf das fast leere Blatt Papier in der Schreibmaschine, auf ein vergilbtes, verdrecktes Stück Tapete, das sich oben von der Wand abschält, auf leere, verlassene Korridore und auf das kitschige Foto der Frau, die am Strand sitzend aufs Meer hinausblickt. Der Film fügt diese gähnende Leere mit undefinierbaren Geräuschen zusammen, die von irgendwoher in dem leer wirkenden Hotel kommen. Manchmal scheint Barton eine Frau lachen zu hören, doch da ist auch ein leises Stimmengewirr oder etwas, das fast wie ein Wimmern klingt. Mit einem tiefen surrenden Geräusch löst sich die Tapete in seinem Zimmer langsam von der Wand ab. In einer anderen Szene sind laute dumpfe Schläge zu hören, so als würden Möbelstücke umherbewegt. Barton reagiert auf diese Geräusche, die ihm sichtlich Angst einjagen, auffällig irritiert. Nachdem er sich über den Lärm beschwert hat, der ihn bei der Arbeit störe, klopft es laut an seiner Tür. Draußen steht ein großer, massig wirkender Mann mit gerötetem Gesicht, mit hochgekrempelten Hemdsärmeln und Hosenträgern. Er will wissen, ob Barton sich beim Hotelpagen Chet über ihn beschwert habe. Bartons merkwürdige Erwiderung lautet, er habe sich eigentlich nicht „beschwert", sondern sich nur Sorgen gemacht, „dass Sie vielleicht in Not sind".

Der Mann, der sich als Charlie Meadows, Versicherungsvertreter für „Feuer, Diebstahl und Einbruch" vorstellt, bittet um Entschuldigung und gibt uns auf diese Weise zu verstehen, dass der Lärm aus seinem Zimmer kam. Er scheint sich bereits an diesem Punkt in die Rolle zu fügen, die Barton ihm zugewiesen hat, nämlich die des Mannes, der es mit Frauen „treibt", sie zum Lachen und Wimmern bringt und sie dann unter lautem Getöse umbringt. Wir wissen aber, dass es sich hierbei um eine Projektion Bartons handelt, denn Charlies Interesse gilt viel weniger Frauen als vielmehr Männern, denen er mit glühender Liebe zugetan ist. Nachdem sein Nachbar gegangen ist, wird Barton weiterhin von Ängsten geplagt, denn er hört nun ein anderes Geräusch, diesmal das der Tapete, die sich oben an der Wand langsam abschält. Dann kommt wieder das Bild der Frau am Strand in den Blick und Barton hört zugleich das Lachen einer Frau, das von weit weg zu kommen scheint. Offenbar ist er derjenige, der ständig daran denkt, was Männer und Frauen miteinander treiben. Zu vermuten ist daher, dass Bartons angebliche Sorge, Charlie könnte „in Not" sein, einer Projektion seiner eigenen Schwierigkeiten entspringt, nämlich seiner Angst davor, er könnte etwas mit einer Frau tun, das ihm und ihr Geräusche entlockt, die dann den Nachbarn stören. Doch zugleich birgt die Angst natürlich auch die Lust an dem Wunsch in sich, den Nachbarn zu stören.

Barton kann sich weder mit der weiblichen noch der männlichen Rolle identifizieren. Beide Vaterfiguren, Charlie Meadows wie auch W. P. Mayhew, lösen bei Barton Fink eine Mischung aus Idealisierung, Verachtung und Angst aus. Unbewusst identifiziert er sich allerdings mit sadistisch-mörderischen Fantasien, die um die Urszene kreisen und die er mittels Projektion der Figur des Charlie Meadow unterschiebt. Gegen Ende des Films eröffnen zwei Polizisten Barton, Charlie sei in Wirklichkeit „Mörder-Mundt", ein Serienmörder, der seine Opfer (Frauen) erschießt und dann enthauptet. Psychologisch gesprochen illustriert der Film auf großartige Weise, wie Barton die eigenen Mordfantasien verleugnet. Nach dem Mord an Audrey schläft er weiter und als der Mord nicht länger zu leugnen ist, lässt er Charlie die Schuld auf sich nehmen.

Eine mögliche Deutungshypothese ist, dass der Film in der Figur des Charlie Meadow eine mythische Prometheus-Gestalt kreiert und damit einen mächtigen Übervater, dessen Schutz Barton ersehnt, doch dessen Macht mit ihren sexuellen Konnotationen er auch fürchtet. Als Barton sich in seinem Zimmer den zwei Polizisten gegenübersieht, will er das Verhör unterbrechen: „Können Sie nicht später wiederkommen? Es ist einfach zu heiß und mir platzt der Schädel." Kurz darauf sagt er über Charlie, ohne ihn schon gesehen zu haben: „Es ist heiß. Er ist wieder da." Charlie ist der Bote der Hitze, der in der Rolle des Prometheus Barton das Feuer bringt, das dieser nutzen kann, um sich daran zu wärmen, das aber auch darauf zielt, ihn aus seiner konfliktbeladenen Introvertiertheit aufzuwecken und dazu zu bringen, dass er Charlie zuhört. In einer der letzten Szenen wirft Charlie Barton vor: „Du willst einfach nicht zuhören!" Charlie will erreichen, dass Barton die eigene innere Stimme, seinen gesunden Menschenverstand und seine Gefühle ernst nimmt; würde er Charlie zuhören, wäre ihm doch auch klar, dass die Leute ihn zwar Mörder-Mundt (im Original: Madman Mundt) nennen, aber dass er keineswegs verrückt ist, sondern „den Leuten helfen" und sie zur Besinnung bringen wolle – ähnlich wie Barton, der Charlie in einer früheren Szene mit hohlen Phrasen und in pathetischem Ton erklärt hatte: „Mein Job ist es, die Höhen und Tiefen der Seele auszuloten, irgendwie. Etwas Verschüttetes auszugraben, etwas Wahres. Ich sag dir, um kreativ zu sein … bisher gibt's noch keine Landkarten für das Gebiet … es zu erforschen, kann sehr schmerzhaft sein."

Umgeben von lodernden Flammen und aufsteigendem Qualm, taucht am Ende des Korridors Charlie auf. Nachdem er einen von zwei Polizisten erschossen hat, die im Korridor auf ihn gewartet haben, steigen gleißende Flammen hinter ihm empor und umschließen ihn fast vollständig. Mit der Schrotflinte in der Hand den Korridor entlangstürmend ruft er: „Jetzt zeig ich euch, was kreativ ist" und: „Seht mich an. Ich zeig euch den kreativen Geist!" Im Gegensatz zum allzu pathetisch klingenden Barton verkündet er mit Leidenschaft seine Botschaft, die er bereits in vorhergehenden Szenen benannt hatte: „Ich würd' sagen, ich verkauf' Seelenfrieden." Der Film illustriert diese Botschaft mit einem riesigen Flammenmeer, das Charlie umgibt. Charlie bringt weder das Feuer noch seine homosexuelle Leidenschaft zum Erlöschen und geht in sein in Flammen stehendes Zimmer, ganz ähnlich wie der an die Felswand gekettete Prometheus. Barton dagegen verlässt das Hotel und weiß nicht, wo er hingehen soll. Bildlich gesprochen sieht der Film für Charlie keine Befreiung wie die des Prometheus durch Herakles vor. Dieser tötet den Adler, der täglich etwas von Prometheus' Leber frisst, dem Sitz der Leidenschaft. Diese mythischen Parallelen sind hier allerdings mit Vorsicht zu betrachten – wir sprechen ja von einem Film der Coen-Brüder. So kann es beispielsweise, als Charlie Barton erklärt, womit er seinen Lebensunterhalt verdient und erwähnt, dass eine seiner Kundinnen bei ihm „eine Feuer- und Lebensversicherung" hatte, keinen Zweifel daran geben, dass er vom Versicherungsgeschäft spricht.

Unter psychoanalytischem Aspekt könnte Bartons Interesse an Männern – insbesondere an dem berühmten Schriftsteller Mayhew und an seinem Zimmernachbarn Charlie – ihm einen Weg aus seinen Urszene-Ängsten und den damit verknüpften Geburtsängsten bieten. In der Toilettenszene mit Mayhew klingt bereits ein mit Bewunderung und Idealisierung verknüpftes homosexuelles Motiv an. Die Abfolge der Szenen mit Charlie Meadows und Barton Fink führt eine im Werden begriffene Männerfreundschaft vor, zu der auch Körperkontakt gehört. So möchte Charlie Barton die Grundgriffe des Catchens beibringen. Er geht auf alle viere. Als Barton sich auf seinem Drehstuhl von ihm abwendet, wirbelt er ihn zu sich herum und fordert seinen noch immer zögernden Partner mit entsprechenden Gesten auf, sich neben ihn hinzuknien und von hinten die Arme um ihn zu schlingen. In dieser Szene tritt auch die unbewusste Bedeutung zutage, die der Ringkampf für Barton hat. In der Toilettenszene hatte er Mayhew gefragt, wie er beim Schreiben von Catcher-Szenen verfahren sei. Offenbar assoziiert er das Thema mit der analen Penetration durch einen Mann, die er als gewalttätig imaginiert. Diese Brutalität, die ihm Angst macht, manifestiert sich dann in der Ringkampfszene mit Charlie. Barton fühlt sich hilflos und dem Geschehen ausgeliefert. Im Film zeigt sich das darin, dass Charlie ihn mühelos abschütteln und aufs Kreuz werfen kann. Barton hat nicht nur Angst davor, dass ihm beim Verkehr mit einer Frau sein Geschlechtsteil geraubt wird, sondern auch davor, von einem Mann anal kastriert zu werden. Die Kastrationsangst wird daran deutlich, dass Barton befürchtet, er könne sich ernsthaft am Hals verletzt haben, und dass Charlie ihn besorgt fragt, ob er ihm weh getan habe. Doch die Angst vor homosexuellem Kontakt hat ihre ambivalente Seite. Barton will Charlie auch nahekommen, was sich zum Beispiel darin andeutet, dass er in Schuhe unter seinem Schreibtisch schlüpfen will, die viel zu groß für ihn sind und sich dann als Charlies Schuhe entpuppen. Als Charlie ankündigt, dass er „für eine gewisse Zeit verreisen" muss, sagt Barton bedauernd, er werde ihm fehlen. Nach dem Mord an Audrey weint Barton an Charlies Schulter, fleht ihn um Hilfe an, beteuert wiederholt seine Unschuld („Ich war's nicht – kannst du mir nicht glauben?") und kommt dabei Charlie, vor dem er in vorherigen Szenen zurückscheute, körperlich nahe. In den Feuer-Szenen am Ende des Films unternimmt Charlie einen neuerlichen Versuch, mit seiner glühenden Leidenschaft auch in Barton ein Feuer zu entzünden. Diese Leidenschaft hätte Barton den Weg zu einer wahren Kreativität weisen können, die sich vor allem seiner weiblichen Identifizierung verdanken würde.

Den Coen-Brüdern geht es freilich nicht darum, ein klinisches Fallbeispiel vorzustellen, psychische Konflikte zu entwirren und einer konstruktiven Lösung zuzuführen. So wie die mythologischen Bezüge nicht zu ernst genommen werden sollten, so ist auch die hier vorgestellte psychoanalytische Deutung nicht das letzte Wort. Auf mehr als einen spielerischen Umgang mit solchen Deutungen würden sich die Coen-Brüder wohl nicht einlassen. Sie geben mir als der Deutenden zwar Gelegenheit, ausgehend vom Einsatz filmischer Techniken wie Mise-en-Scène, Schnitt, Kameraführung und Ton Interpretationen zu formulieren, doch lässt sich die Zeichnung der Figuren auch im Sinne einer Komik und Ironie auffassen, die eine Distanz zu den psychoanalytischen Deutungen erzeugt. Die Coen-Brüder führen uns den dünkelhaften, prätentiösen Fink vor, eine Parodie auf den Dramatiker und Drehbuchautor Clifford Odets; den Drehbuchautor Mayhew, dessen Ähnlichkeit mit William Faulkner nicht zu leugnen ist, und den Film-Mogul Lipnick, einen Verschnitt aus Louis B. Mayer, dem Leiter von Metro-Goldwyn-Mayer, und Columbia-Pictures-Chef Harry Cohn. Allein Charlie ist eine eigenständige Figur – oder spricht aus ihm letztlich doch Prometheus?

DIE FINANZIERUNG EINER SCHÖNHEITSOPERATION: BURN AFTER READING (2008)

Inhalt

Der CIA-Analyst Osbourne „Ozzie" Cox (John Malkovich) wird vom CIA Abteilungsleiter (J. K. Simmons), gemeinsam mit seinem CIA-Officer Palmer (David Rasche) in der CIA Zentrale in Langley, Virginia auf eine unbedeutende Position versetzt, angeblich wegen eines Alkoholproblems. Wütend verlässt Osbourne das Büro, quittiert seinen Dienst und schickt sich an, seine Memoiren zu schreiben. Seine Frau Katie (Tilda Swinton) will sich von ihm scheiden lassen und kopiert von Osbournes Computer Material für den von ihr beauftragten Scheidungsanwalt. Darunter befinden sich auch erste Aufzeichnungen Ozzies für seine Memoiren. Die Sekretärin des Anwalts verliert diese CD beim Umziehen im Fitnessstudio Hardbodies. Der junge, unbedarft wirkende Mitarbeiter Chad Feldheimer (Brad Pitt) glaubt, mit der CD in den Besitz von hoch sensiblen Geheimdienstinformationen gekommen zu sein und versucht, gemeinsam mit seiner Kollegin Linda Litzke (Frances McDormand) Osbourne Cox zu erpressen. Dieser aber schickt die beiden zum Teufel, weil ihm klar ist, dass es sich bei den Aufzeichnungen keineswegs um Geheimdienstmaterial handelt. Linda hat großes Interesse an einem Finderlohn, den Chad von Osbourne erpressen will. Sie will sich einer Rundum-Schönheitsoperation unterziehen, deren Kosten ihre Krankenkasse nicht übernehmen will. Nachdem sich Osbourne nicht bereit erklärt, den beiden Erpressern eine Summe Geldes zu bezahlen, begeben sich Linda und Chad zur russischen Botschaft, um dort das vermeintliche Top-Secret-Material gegen eine finanzielle Entschädigung anzubieten.

Katie hat eine Affäre mit Harry Pfarrer (George Clooney), einem ehemaligen Mitarbeiter beim Finanzministerium, der aber vor allem ein Frauenheld ist, der es mit der Treue nicht zu ernst nimmt. Harry lernt Linda über ein Internet-Portal kennen und beginnt eine Affäre mit ihr. Er erfährt, gleichsam nebenbei, dass seine Frau Sandy (Elizabeth Marvel) dabei ist, die Scheidung in die Wege zu leiten. Auf Lindas Anraten begibt sich Chad in das Haus von Osbourne Cox, um dort nach weiteren Geheimdienstmaterialien zu forschen. Versteckt in einem Kleiderschrank wird er versehentlich von Harry Pfarrer erschossen, der inzwischen mit Katie in Osbournes Haus lebt. Als Linda, die nach dem verschwundenen Chad sucht, Harry mitteilt, wo sich Chad zuletzt aufhielt, gerät dieser in Panik und glaubt, Linda wolle ihn ausspionieren. Der ohnehin leicht paranoide Harry fühlt sich verfolgt und versucht, sich nach Venezuela abzusetzen. Da er aber auf einer Beobachtungsliste des CIA steht, wird er zunächst an der Ausreise gehindert. Inzwischen ist Osbourne Cox in sein Haus zurückgekehrt und findet dort den Chef des Fitnessstudios Hardbodies, Ted Treffon (Richard Jenkins), vor, der sich an seinem Computer zu schaffen macht. Ted vermutet, dass die Russen Chad entführt hatten. Cox tötet Ted auf offener Straße mit einer Axt. Ein anwesender CIA-Mann schießt auf Cox und verletzt ihn so schwer, dass er ins Koma fällt. Im CIA-Hauptquartier versuchen der Abteilungsleiter und sein Mitarbeiter Palmer (David Rasche), die für sie undurchschaubaren menschlichen Verwicklungen zu entwirren. Linda fordert für eine Kooperation mit der CIA die Bezahlung ihrer Schönheitsoperationen, die ihr genehmigt wird. Harry Pfarrer wird die Ausreise nach Venezuela genehmigt, da kein Auslieferungsabkommen zwischen den USA und Venezuela besteht. Die beiden CIA-Mitarbeiter kommen zu dem Schluss, aus den Vorkommnissen gelernt zu haben, um späterhin Ähnliches zu vermeiden, obgleich sie gar nicht wissen, was sie tatsächlich getan haben.

Interpretation

Ich hatte in meinem Einleitungskapitel auf die Gradlinigkeit der meisten Frauenfiguren in den Coen-Filmen aufmerksam gemacht. Auch Linda Litzke gehört zu diesen Frauen. Mit Gradlinigkeit meine ich die unbeirrte Verfolgung eigener Zielvorstellungen. Ob Linda Litzke die Vorstellung ihres Kollegen Chap teilt, der meint, die CD, die im Umkleideraum des Fitness-Studios gefunden worden war, enthalte sensibles Geheimdienstmaterial, ist fragwürdig. Sie ist besessen davon, einen Geldgeber für ihre Schönheitsoperationen zu finden, da ihre Krankenkasse die Kosten nicht übernehmen will. Insofern unterstützt sie Chaps Versuche, Osbourne Cox zu erpressen. Später ermuntert sie Chap, auch im Computer von Ozzie nach weiteren Geheimdienstakten zu forschen. Sie veranlasst auch ihren Chef Ted, sich in Osbournes Wohnung ebenfalls auf die Suche nach Geheimdienstmaterial zu begeben. Beide Männer kommen dabei zu Tode. Sie hatte zuvor auch versucht, mit der russischen Botschaft ins Geschäft zu kommen, als sie dort gemeinsam mit Chap die CD übergibt, in der Hoffnung auf einen Finderlohn. Linda hat Züge von Abby, der Protagonistin in *Blood Simple,* die die Männer dazu benutzte, ihre Wünsche nach der Beseitigung ihres Ehemanns in die Realität umzusetzen. Linda, die gefangen ist in ihrer Vorstellung, mit Hilfe der plastischen Chirurgie ihre körperliche Ausstattung zu verbessern, benötigt auch die Unterstützung der Männer bei der Beschaffung des Geldes für die Verwirklichung ihres körperlichen Schönheitsideals. Mit Chap und Ted verbindet sie keine emotionale Beziehung, ihr Handeln ist vielmehr geleitet von der Verwirklichung einer narzisstischen Größenfantasie. Mit André Green (1993) lässt sich die These vertreten, dass ihr Handeln sich dem Abzug aller libidinöser Bindungen von den Objekten verdankt und dass es weitgehend geprägt ist von einer „Desobjektalisierung" (S. 874), die zur Herausbildung eines „negativen Narzissmus" (ebd., S. 875), einer „narzisstischen Größenfantasie" (ebd., S. 875) führt. Dass sie letztendlich erfolgreich ist, wenn der CIA ihre gewünschte Schönheitsoperation bezahlt, lässt sich sehr gut damit erklären, dass sie bei den Beamten des CIA auf ihresgleichen getroffen ist.

Der Frauenheld Harry Pfarrer, der ebenso wenig wie Linda daran interessiert ist, emotionale Bindungen einzugehen, ist wie sie auf Hilfe von außen angewiesen, nämlich auf die Frauen, die ihn bewundern. Mit der Bewunderung können sie scheinbar sein angeschlagenes Selbstwertgefühl heilen. Harry wird von paranoiden Ängsten geplagt; er vermutet überall Feinde. Wenn er sich beim Joggen die Straße entlang bewegt, blickt er sich häufig ängstlich herum. Er fürchtet, dass ihm selbst das Essen schaden kann. Harry und Linda bezahlen ihr Verhalten und ihre Handlungen nicht mit dem Tod. Harry rettet sich mit der Unterstützung des CIA nach Venezuela, obgleich bekannt ist, dass er Chap erschossen hat. Lindas Schachzüge, mit denen sie Ted und Chap für ihre Zwecke eingesetzt hatte, führen dazu, dass der CIA sie als Zeugin der Ereignisse behandelt und ihr Stillschweigen mit der Bezahlung ihrer Schönheitsoperationen abgilt.

Ich habe bereits mehrfach darauf aufmerksam gemacht, dass in den Coen-Filmen der Inszenierung von Landschaft eine besondere Bedeutung zukommt. Die Coens führen oftmals über konkret ausgewählte Landschaften in die Gefühle, das Handeln und Verhalten der Protagonisten ein. Die Landschaften geben darüber hinaus Auskunft über das in den jeweiligen Filmen spürbar werdende Ambiente. Nun konfrontiert uns *Burn After Reading* mit einer Satellitenaufnahme der Erde, die es verhindert, eine konkrete Landschaft auszumachen. Die vom Film gewollte Ununterscheidbarkeit zwischen Bergen, Flüssen, Tälern, Wiesen lässt vermuten, dass sich die Gefühle und das Handeln der Protagonisten ebenso wenig enthüllen werden wie das Satellitenbild. Bereits die erste Szene, in der Osbourne Cox von den Beamten des CIA seines Postens enthoben und ihm ein Aufgabenbereich zugeordnet wird, in dem der Geheimhaltung von Geheimdienstmaterial wenig Bedeutsamkeit zukommt, und als Argument für die Herabstufung der erhöhte Alkoholkonsum Cox' bemüht wird, beginnt bereits das spätere Verwirrspiel. Die männlichen Protagonisten werden geleitet von eigenen drängenden Wünschen und Fantasien, die ihren Mitspielern und Mitspielerinnen nicht bekannt sind. Linda weiß im Gegensatz zu ihnen sehr wohl über ihre Ziele Bescheid und verfolgt sie mit nüchterner Überlegung. Ob Osbourne Cox tatsächlich dem Alkohol verfallen ist, lässt der weitere Verlauf des Filmes offen. Ob er nach seinem Verzicht auf eine weitere Anstellung seine Memoiren schreiben wird, bleibt ebenso offen, der Film zeigt ihn nur, als er beginnt Erlebnisse und Ereignisse aus seinem Leben zu diktieren. Ein Austausch zwischen den Protagonisten findet nicht statt. Ihr Kontakt bleibt ebenso wenig ausgeprägt wie das Satellitenbild zu Beginn des Filmes. Mit großem Nachdruck vermitteln die Brüder die fehlende emotionale Bezugnahme der Gesprächspartner untereinander. Nur der Egoismus veranlasst die Mitspieler und Mitspielerinnen, Kontakt mit einem Partner, einer Partnerin, mit Mitarbeitern und Vorgesetzen aufzunehmen. Es gibt keine brennenden Leidenschaften zwischen den Akteuren. Nur der Humor, mit dem die Coen-Brüder ihre Protagonisten ausstatten, macht die Kälte in den Beziehungen erträglich, ja an manchen Stellen sogar komisch. Über die Inszenierung einer unerwarteten Wendung, einer Erwartungsverletzung, wird das Handeln des kleinen Angestellten Chad Feldenheimer im Fitness-Studio Hardbodies komisch und reizt zum Lachen. Chap fällt eine CD in die Hände, die in der Umkleidekabine gefunden wurde. Beim Lesen der CD im Computer kommt Chap sehr schnell zu dem Schluss, dass es sich bei den Zahlen auf dem Dokument um sensible Geheimdienstinformationen handele. Wer erwartet schon, dass ein Dokument, das Zahlen über Zahlen enthält, Aufschlüsse über geheimdienstliche Information gibt? Mit Chaps „Fund" kommt die weitere Filmhandlung mit atemberaubender Geschwindigkeit in Gang.

Dem Publikum geht es ähnlich wie den beiden CIA Beamten, die am Ende des Films meinen, sie hätten aus den chaotischen Ereignissen gelernt, dass etwas Ähnliches nicht mehr vorkommen dürfe, obgleich sie nicht wissen, was tatsächlich passiert ist. In der Szene, in der Palmer seinen Chef über die undurchschaubaren, chaotischen Vorkommnisse informiert, inszenieren die Coens weitere unvorhersehbare Wendungen. Die Komik dieser Szenensequenzen ergibt sich aus den Informationen Palmers und der Reaktion des Vorgesetzten, wodurch die Erwartungen des Publikums verletzt werden. Befriedigt äußert der Chef, dass die Leichen von Chad und von Ted entsorgt wurden, dass Cox im Koma liege, aus dem er hoffentlich nicht wieder erwache, dass sich Harry Pfarrer nach Venezuela absetzen könne, da es zwischen den USA und Venezuela kein Auslieferungsabkommen gebe. Dass die Beamten von Linda keine Aufklärung über die Vorkommnisse verlangen, sie vielmehr für ihr Stillschweigen bezahlen, wobei sie nicht wissen, was sie verschweigt, stellt eine unerwartete Wendung, eine Erwartungsverletzung dar, die Komik auslöst. Mit dieser Haltung erfüllen die CIA-Beamten scheinbar die Aufforderung, die der Titel des Filmes nahelegt: Burn after reading. Allerdings ist ein kleiner Unterschied festzuhalten: Die Beamten verbrennen Material, das sie vorher gar nicht gelesen haben.

ROUTINIERTES MORDEN: NO COUNTRY FOR OLD MEN (2007)

Inhalt

Der Film ist im Jahr 1980 in West-Texas angesiedelt. Der Sheriff, Ed Tom Bell (Tommy Lee Jones), bedauert im Voice-over die Zunahme von Gewalt in dieser Gegend. Llewelyn Moss (Josh Brolin), ein Schweißer und Vietnamveteran, ist auf der Jagd und findet die toten Mitglieder zweier mexikanischer Drogengangs, die sich gegenseitig erschossen haben. Bei einem der Toten findet er einen Koffer mit zwei Millionen Dollar, den er an sich nimmt und damit flieht. Er quartiert sich in verschiedenen Motels ein. Anton Chigurh (Javier Bardem), ein Auftragsmörder, der im Verlauf des Films wahllos mit einem pneumatisch betriebenen Bolzenschussgerät und einer schallgedämpften Selbstladeflinte mehre Menschen tötet, verfolgt Moss. Mit einem Peilsender, der im Geldkoffer verborgen ist, entdeckt Chigurh Moss. Bei einem Schusswechsel verletzt Moss Chigurh am Bein und entkommt, selbst schwer verletzt. Moss flieht an die amerikanisch-mexikanische Grenze, wirft den Koffer mit dem Geld in ein Gebüsch und begibt sich in ein mexikanisches Krankenhaus, um sich behandeln zu lassen. Chigurh verlangt von Moss die Übergabe des Geldes. Er werde ihn auf jeden Fall trotzdem töten. Wenn er aber auf sein Angebot eingehe, werde er Carla Jean Moss (Kelly Macdonald) verschonen. Moss lehnt das Angebot ab. Er will sich mit seiner Frau in einem Motel in El Paso treffen. Da mexikanische Gangster jedoch von diesem Treffen erfahren, töten sie dort Moss, noch bevor seine Frau eintrifft. In einer der letzten Szenensequenzen wartet Chigurh auf Carla Jones in deren Schlafzimmer. Als er das Haus verlässt, entfernt er Blutspuren von seinen Fußsohlen. Es ist zu vermuten, dass er Carla Jean getötet hat. Er gerät in einen Autounfall und wird schwer verletzt. Er geht auf dem Seitenstreifen einer Straße entlang.

Einleitung

Die überschwänglichen Kritiken des Films als des bisher besten der Coens[22] lesen sich für mich als eine kollektive Projektion. Der Vergleich mit anderen Coen-Filmen, insbesondere mit *Blood Simple* und *Fargo* erscheint mir zu kurz geschlossen. Die Annahme, dass die Hauptmotive der drei Filme Pessimismus und Nihilismus sind, mag ja in dieser allgemeinen Form stimmen. Untersucht man jedoch ihre ästhetische Gestaltung, so fallen Unterschiede auf. Ist doch die Destruktivität und Gewalt in *Fargo* insbesondere durch die ausgiebige Verwendung von Erwartungsverletzungen, die Humor auslösen, gekennzeichnet, so ist es möglich auch noch über die gewaltsamsten Szenen zu lachen. Im Hinblick auf die Inszenierung von Gewalt in *Blood Simple* trifft sicherlich die angenommene Nähe zu *No Country For Old Men* schon eher zu, wenngleich sich *Blood Simple* durch eine fein gesponnene psychologische Verwicklung der Protagonisten auszeichnet. Dies gilt nicht für die drei Protagonisten in *No Country For Old Men*, den Sheriff Ed Tom Bell, den Mörder Anton Chigurh und Llewelyn Moss, der einen Koffer mit zwei Millionen Dollar findet. Jeder der drei geht seinen eigenen Weg, ohne dass sie miteinander kommunizieren. Durch diesen Verzicht auf Kommunikation kommt es auch nicht zu emotionalen oder kognitiven Interaktionen zwischen den Protagonisten. Dies führt dazu, dass sich keine Geschichte zwischen den drei Männern entwickelt, obgleich die Inszenierung den Eindruck erweckt, dass sie einander verfolgen. Sie tun dies auch, aber in einer abstrakten Form, sodass weder Angst noch Sorge auftreten, von Mitgefühl gar nicht zu sprechen. Moss wird getrieben von seinen Wünschen, viel Geld zu besitzen, obwohl offenbleibt, was er damit anfangen will. Chigurh ist ein Serienmörder, dessen Lebensinhalt im Morden besteht. Der Sheriff ist derjenige, der versucht, die Frau von Moss, Carla Jean Moss, zu schützen. Aber entsprechend der vom Plot vorgesehenen Nichtkommunikation gelingt es ihm nicht, sie vor dem mörderischen Zugriff des Serienmörders zu retten. Carla Jean ist ebenso wie die männlichen Protagonisten in ihre eigene Welt eingeschlossen; sie ist deshalb auch unfähig, vernünftige Argumente des Sheriffs anzunehmen. Sie will auf jeden Fall an der Seite ihres Mannes bleiben. Zu dem geplanten Treffen mit ih-

22 https://en.wikipedia.org/wiki/No_Country_for_Old_Men_(film).

rem Mann kommt sie jedoch zu spät: Eine mexikanische Gang hat ihn ermordet.

Interpretation

Eine psychoanalytische Interpretation des Films erscheint mir gewollt und trifft auch nicht die Absicht der Brüder Coen. Selbst die beeindruckenden Landschaftsbilder von kahlen, braunen Hügeln, das weite, unbearbeitete und unbewohnte Land lassen es nicht zu, eine enge emotionale Bindung zwischen der Landschaft und den Protagonisten herzustellen, wie dies in anderen Filmen der Brüder, beispielsweise in *Fargo*, geschieht. Hier gibt die weite, leere Schneelandschaft Hinweise auf den seelenlosen Jerry Lundegaard. Ebenso wenig wie die Protagonisten nicht miteinander in Kontakt kommen, bleibt die Landschaft den Menschen fremd; sie lädt nicht dazu ein, sich dort aufhalten zu wollen. Nicht umsonst lautet der Titel des Films *No Country For Old Men*, in der deutschen Übersetzung: „Kein Land, um alt zu werden". Der einzige Kontakt zwischen den Protagonisten stellt sich über Gewalt her. In einer der ersten Szenen überfällt Chigurh den Polizisten, der ihn festgenommen hatte. Er nähert sich dem Beamten von hinten, der am Telefon Meldung geben will von der Festnahme, legt ihm eine Schlinge um den Hals und erdrosselt ihn. Es ist der Sheriff, der die aktuelle Gewalt als Zunahme der allgemeinen Gewalt wertet, zugleich aber von dem Jungen berichtet, der während seiner Amtszeit ein 14-jähriges Mädchen ermordet hatte, und der dem Sheriff versichert hatte, dass er das wieder tun würde, weil er morden wolle. Es gibt – so der Bericht des Sheriffs – für das Handeln des Jungen keine bewussten oder unbewussten Motive.

Dass Chigurh über weite Strecken des Films hinter Moss her ist, um in den Besitz der zwei Millionen Dollar zu kommen, stellt meines Erachtens ein Ablenkungsmanöver von dem mörderischen Getriebensein des Auftragsmörders dar. Dazu gehört eine Szene, in der es eine absurde Kommunikation zwischen einem Tankstellenbesitzer und Chigurh gibt, die damit endet, dass Chigurh den Mann nicht tötet, weil dieser die Münze, die der Mörder ihm gibt, „richtig" geworfen hat. Aber, wie immer, erlauben sich die Coens Erwartungsverletzungen der Zuschauer – sie tun dies im Verlauf des Films wieder und wieder – wenn Moss, der im Verlauf des filmischen Geschehens mit seinem Dollar-Koffer immer vor dem Zugriff von Chigurh flieht, nicht von ihm, sondern von einer mexikanischen Gang ermordet wird. Eine letzte Erwartungsverletzung stellt der Autounfall Chigurhs am Ende des Films dar. Er wird dabei am Arm schwer verletzt. Der Film lässt offen, was aus ihm wird, wenn er langsam am Rande einer Straße entlanggeht.

Schlussbemerkungen

Ich vermute, dass die Begeisterung über *No Country for Old Men* insbesondere darauf beruht, dass dieser Film, wie kein anderer, von einer tödlich endenden Auseinandersetzung zwischen Männern handelt. Diese Konfrontation wird nicht durch Humor gemildert. Der Figur der Carla Jean kommt im Gegensatz zu vielen anderen Protagonistinnen in den Filmen der Brüder eine untergeordnete Rolle zu. Erst am Ende des Films wächst sie über sich hinaus, wenn sie den Serienmörder Chigurh in seine Schranken weist. Sie lässt sich nicht auf das Münzenwerfen ein, sondern teilt Chigurh mit, er müsse schon selbst die Verantwortung für sein Tun übernehmen.

DER KINDERRAUB: RAISING ARIZONA (1987)

Inhalt

HI McDunnough (Nicolas Cage), der Protagonist, wird dreimal wegen kleinerer Kaufhausdiebstähle zu Gefängnisstrafen verurteilt. Er kommt mit der Polizistin Edwina, genannt „Ed" (Holly Hunter), die ihn zur erkennungsdienstlichen Erfassung fotografiert, überein, sie nach seinem dritten Aufenthalt im Gefängnis zu heiraten. Ed möchte eine Familie gründen, zu der ein Kind gehört, doch eine ärztliche Untersuchung ergibt, dass sie unfruchtbar ist. Im Fernsehen erfährt das Paar, dass die Frau des Möbelhausbesitzers Nathan Arizona (Trey Wilson) Fünflinge zur Welt gebracht hat. Auf Eds inständiges Bitten hin entführt HI Nathan Junior, ein freundliches Baby. Ed ist überglücklich, nun eine „normale" Familie zu haben. HIs ehemalige Mitgefangenen, das Geschwisterpaar Gale (John Goodman) und Evelle (William Forsythe) sind aus dem Gefängnis geflohen und quartieren sich, gegen Eds Willen im gemeinsamen Wohnwagen ein. In einem Traum sieht HI den imposant und zugleich komisch aussehenden Motorradfahrer Smalls (Randall „Tex" Cobb). HI begeht einen erneuten Kaufhausdiebstahl, wird aber nicht von der Polizei gefasst. Ed und HI geben das gestohlene Kind zurück und treffen dabei auf Nathan Arizona Senior. Er verzeiht ihnen. Sie wollen sich voneinander trennen. Nathan Arizona meint, sie sollten darüber eine Nacht schlafen. In dieser Nacht hat HI einen Traum.

Von Erwartungsverletzungen zum Humor

Im Zentrum des Films steht das beständige Spiel mit der Gestaltung unerwarteter und unvorhersehbarer Wendungen und Ereignisse, mit Erwartungsverletzungen, die in diesem Film in umwerfenden Humor münden. Wie bereits ausgeführt, stammt der Begriff aus der Säuglingsbeobachtung. Neben unvorhersehbaren Wendungen inszeniert *Raising Arizona* auch den Widerspruch zwischen den Bildern und der Musik, der ebenfalls in Ironie und Humor mündet. Es sei hinzugefügt, dass es sich um einen Film handelt, der in manchen Szenen vergleichbar ist mit den Filmen Charlie Chaplins, in denen über Slapsticks Lust an der Komik inszeniert wird. Sowohl einzelne Szenen, wie die Flucht HIs vor der Polizei nach seinem Windelraub, als auch Szenensequenzen, in denen HI versucht, eines der Arizona-Babys zu stehlen, haben Slapstick Charakter. Diese Sequenzen sind umwerfend komisch und entsprechen nicht dem Muster der Inszenierung unvorhersehbarer Wendungen, wodurch Humor erzeugt wird. Während sich der Humor durch Gelassenheit und verhaltenes Lachen auszeichnet, können Slapstiks schier unkontrollierbares Lachen auslösen.

Ethan Coen äußerte in einem Interview, er und sein Bruder seien nicht an den Superhelden interessiert. Ihre Aufmerksamkeit gelte den Charakteren, die üblicherweise nicht in Filmen – und schon gar nicht im Alltag – auftreten. HI McDunnough ist ein solch ausgefallener Charakter. Allein schon sein Äußeres lädt zum Schmunzeln ein. Sein Haar steht ihm wild um den Kopf, seine Einfälle und Erlebnisse kommentiert er mit schleppender Stimme. Dabei entsteht der Eindruck, als sei er geistesabwesend, möglicherweise innerlich bereits mit einem seiner nächsten Kaufhausdiebstähle beschäftigt. Tatsächlich gibt es eine Szene, in der er von seinem ungeliebten Arbeitsplatz kommt und scheinbar gedankenverloren, zugleich aber auch mit verhaltenem Interesse an einem Supermarkt vorbeifährt. Es geschehen ihm viele Widrigkeiten, auf die er immer mit Humor antwortet. Sein Blick schwankt zwischen Verblüffung und Erstaunen, so als könne er nicht glauben, was mit ihm geschieht. So blickt er zunächst ungläubig drein, wenn Ed ihn um den Raub eines der Arizona-Fünflinge bittet. Mit Humor richtet er sich in einem Leben in Armut ein. Er lebt mit seiner Ed am Rande der Gesellschaft in einem Wohnwagen inmitten der Wüste Arizonas, die mit ihren gespenstisch wirkenden übergroßen Kakteen bizarr und wenig einladend wirkt.

Ich greife fünf absonderliche Ereignisse auf, die eindringlich HIs mitreißenden Humor zeigen. Als Slapsticks inszeniert, lösen sie beim Zuschauer unbändiges Lachen aus. Es handelt sich um die Inszenierung von HIs Gefängnisaufenthalt, um seine Heirat mit Ed, seinen Raub von Nathan Jr., das Auftauchen seiner ehemaligen Mitgefangenen Gale und Evelle und HIs Windelraub. Seine Reaktionen in diesen Situationen sind von besonderem Charakter, weil sie einerseits Erwartungen verletzen, anderseits aber von Slapsticks geprägt sind. So gestaltet der Film dreimal auf identische Weise den Gang des Protagonisten ins Gefängnis. Dreimal wird er im offenen bunten Hemd von der Polizistin Edwina erkenntnisdienstlich abgelichtet. Drei Male wird er an dem Schwarzen vorbeigeführt, der schwitzend den Gefängnisflur aufwischt und der interessiert und mit einer gewissen Herablassung knurrend zusieht, wenn HI am Arm eines Gefängniswärters an ihm vorbeigeführt wird. Dreimal erscheint er vor dem Entlassungskomitee, immer wieder seine Reue beteuernd. Mit dieser eigenwilligen, kreativen Inszenierung erreichen die Brüder die Inszenierung eines Überraschungseffekts. Aber nicht nur die dreimalige Wiederholung der erwähnten Szenensequenzen, sondern auch die Reaktionen von HI verletzen Erwartungen, wenn er davon spricht, im Gefängnis wie zu Hause angekommen zu sein, im Gefängnis sei alles geordnet, es gäbe Kameradschaft zwischen den Männern. Wer, so mag man sich fragen, fühlt sich im Gefängnis wie zu Hause? In diesem Zuhause lernt HI dann auch Edwina kennen. Bis es zur Hochzeit kommt, inszenieren die Brüder wiederum unverhoffte und nicht erwartete Wendungen. Bei der letzten polizeilichen Ablichtung gesteht Edwina HI, dass ihr Verlobter sie verlassen habe. Dass die Polizistin dem Verurteilten weinend von ihrem Kummer berichtet, ist eine unerwartete Wendung; geht doch der Verurteilte davon aus, abgelichtet, und nicht ins Vertrauen gezogen zu werden. Ed und HI beschließen, nach seiner nächsten Haftentlassung zu heiraten. Der Umstand, dass eine Polizistin, die von den Vergehen des Verurteilten weiß, diesen dennoch heiraten will, verletzt Erwartungen und stellt bereits Weichen für den von ihr gewünschten Raub eines Säuglings.

Spätere Szenensequenzen, nach der Heirat von HI und Edwina, die die Entführung des Säuglings Nathan Junior „argumentativ" vorbereiten, und die Entführung selbst, sind unerwartete, überraschende Wendungen, die sich als Erwartungsverletzungen manifestieren. Ed, die unfruchtbar ist, findet es ungerecht, dass andere Leute fünf Kinder haben und sie keines; deshalb veranlasst sie HI, einen der Fünflinge zu entführen. Beim ersten Versuch verhindern die am Boden herum krabbelnden Säuglinge, dass HI eines der Kinder habhaft werden kann. Erst beim zweiten Versuch schafft er es, für Ed ein Kind zu rauben. Dem gelungenen Raub geht die Szene voraus, in der die Mutter der Fünflinge, mit dem Rücken zur Kamera, Nathan Jr. auf dem Arm wiegt. Im Gesicht des Säuglings wird Begeisterung sichtbar, aber – auch dies die Inszenierung einer unerwarteten Wendung – am Fenster des Kinderzimmers ist HIs freundlich zugewandtes Gesicht zu sehen. Es wird sehr schnell deutlich, dass das Lächeln des Säuglings nicht eine Antwort auf das Wiegen der Mutter darstellt, sondern vielmehr ausgelöst wird durch den Anblick des lächelnden Gesichts HIs. Er hält einen Finger auf seinen Mund, dem Säugling signalisierend, ihn mit seinem Lächeln nicht zu verraten. Auf diese Weise stellt sich spontan zwischen Nathan Jr. und H.I ein konspiratives Einverständnis her. Allein schon das Ansinnen, ein Kind zu stehlen, weil die Nathans viele haben und Ed keines, stellt eine Erwartungsverletzung da. HIs Suche nach einem geeigneten Säugling, das beruhigende Wiegen der Säuglinge, das Einfangen der am Boden krabbelnden Säuglinge, wobei eines schon fast die Treppe hinunterfällt, ist äußerst humorvoll inszeniert. Ein Kind zu entführen stellt eine kriminelle Handlung dar, nicht aber in einem Coen-Film, der über die Verwendung unvorhersehbarer Wendungen die Zuschauer in das Reich des Humors entführt. Das Einsammeln der begeistert am Boden in atemberaubender Geschwindigkeit in alle Richtungen, auch außerhalb des Kinderzimmers, krabbelnden Säuglinge stellt eine Herausforderung an HIs motorische Geschicklichkeit dar. Die Unwirklichkeit dieser Szene, in der neben den Säuglingen auch das auf dem Boden verstreute Spielzeug zu sehen ist, und das Bemühen HIs um Normalität, indem er die Säuglinge in ihre Bettchen zurückbringt, bevor die durch Geräusche misstrauisch gewordene Florence Arizona das Kinderzimmer betritt, erzeugt Humor.

Das Erscheinen der Brüder Gale und Evelle, Mitgefangene von HI im Gefängnis, erzeugt durch die plötzliche Wendung, womit ihr Erscheinen inszeniert wird, ebenfalls Humor aus. Bei starkem Regen ist das Tal vor HIs

Wohnwagen total aufgeweicht. Aus einer Öffnung im Matsch werden Gale und Evelle schreiend sichtbar. Völlig einhüllt in die vom Regen aufgeweichte Erde schlüpfen sie aus der Öffnung heraus. Sie begeben sich in eine nahe gelegene Toilette, säubern sich vom Matsch und streichen sich die Haare glatt. So erscheinen sie dann bei HI und Ed in deren Wohnwagen und bringen das scheinbare Familienglück der McDunnoughs durcheinander. Im Gespräch wird deutlich, dass sie aus dem Gefängnis geflohen sind. In einer der Nächte nach ihrer Ankunft hat HI einen Traum, in dem er sich – wieder einer unerwarteten Wendung geschuldet – im Harley- Fahrer Smalls mit seiner abenteuerlichen Leder-Motorradausstattung, seinen Bomben, die er mit sich führt und die er von seinem Motorrad aus zünden kann, zu erkennen glaubt. In der Literatur (vgl. Doom 2009) wird darauf verwiesen, dass Smalls ein Doppelgänger von HI sei und dessen abgewehrte Aggressivität inszeniere. Ich gehe unter der Annahme eines Doppelgänger-Daseins davon aus, dass Smalls, trotz seines bedrohlichen, aber auch komischen Aussehens und seiner gewaltigen Harley zwar Ähnlichkeiten mit HI aufweist. Es entbehrt nicht der Komik, wenn Smalls mit seinen zwei übergroßen Gewehren, die mit sich führt, ein Kaninchen und eine Eidechse tötet und eine Blume am Wegesrand in Flammen versetzt. Seine Ähnlichkeit mit H.I besteht aber darin, dass er mit großen Gesten keine überragenden Erfolge erzielt.

Slapstick: Windelraub und Verfolgungsjagd

Die Sequenz, in der HIs Überfall eines Supermarktes inszeniert wird, um Windeln für seinen neu erworbenen Sohn zu stehlen, und die sich daran anschließende Verfolgungsjagd nehmen eine zentrale Rolle in der filmischen Gestaltung ein. Unerwartete, plötzliche Wendungen und Slapsticks wechseln einander in atemberaubender Geschwindigkeit ab. Allein schon der Plan, ein Paket Windeln im Supermarkt zu stehlen, führt alle möglichen Erwartungen, die das Publikum an einen Windelkauf haben mag, ad absurdum. Als habe er Großes vor, zieht sich HI, bevor er mit ungeladenem Revolver den Supermarkt betritt, einen Damenstrumpf über den Kopf. Er raubt ein Huggies-Paket und verlangt vom Kassierer auch die Aushändigung des in der Kasse vorhandenen Geldes. Der Kassierer zielt mit einem Revolver auf HI, der aus dem Supermarkt flieht. Nach seiner Flucht vor dem Kassierer wird er mit dem Huggies-Paket unterm Arm von einem Polizeiwagen und einem wild schießenden Polizisten verfolgt. Die Szene wird musikalisch von einem Jodelsong begleitet. HI versucht, sich in Sicherheit zu bringen, indem er über die Mauer eines an der Straße befindlichen Anwesens auf den Rasen springt. Für einen kurzen Augenblick breitet sich Ruhe aus, vom Jodler ist nichts mehr zu hören, Aber eine erneute Erwartungsverletzung setzt die weitere Flucht HIs äußerst humorvoll in Szene. Im vermeintlich sicheren Anwesen war auf dem Rasen ein schwarzer Hund mit einem Seil an einem Pflock angebunden. Während HI immer im Kreis herumläuft, um dem Hund zu entgehen, der seinerseits im Kreis springt, reißt der Hund den Pflock aus dem Rasenboden und verfolgt nun HI, begleitet von der Jodler-Musik. Der Hund zieht den Pflock hinter sich her, ein Hunderudel, das sich zum ihm gesellt, rennt dann kläffend, weiterhin begleitet von der Jodler-Musik, hinter HI her. Eine unerwartete Wendung im Geschehen lässt ein Auto auf der Straße sichtbar werden. HI stellt sich dicht vor das Auto, sodass der Fahrer zwar zum Halten kommt, HI aber beim scheinbaren Aufprall zu Boden gerissen wird. Er steht aber unverletzt auf und bittet den verdutzen Fahrer, ihn mitzunehmen. Der reagiert, ganz im Sinn der Inszenierung eines Slapsticks, indem er sagt: „Junge, Sie haben einen Damenstrumpf auf dem Kopf". Dem Fahrer kommt nicht der Gedanke, HI vielleicht verletzt zu haben. Weiter geht die eigenwillige Fahrt, als sich das Auto einem Haus nähert. Beide Männer schreien, einen Aufprall fürchtend. Der Fahrer bringt das Auto vor dem Haus zum Halten. HI fällt aus dem Auto noch vor dem Aufprall, bedankt sich beim Fahrer, so als komme er von einem gemeinsamen Ausflug zurück und begibt sich in das Haus, gefolgt vom Hunderudel und dem Jodler. Sowohl diese extrem komischen Szenen, die zum lauten Lachen einladen, als auch die folgenden, die HI wieder im Supermarkt beim erneuten Windelraub inszenieren, stellen Slapsticks dar. HI wirft dem ihn vorfolgenden Polizisten ein geraubtes Huggies-Windelpacket entgegen, sodass dieser zu Boden fällt, nicht aber, bevor er mit einer Kundin mit rosafarbenen Lockenwicklern im Haar und deren Einkaufswagen zusammengestoßen ist. Die Kundin fährt dann – in totaler Hektik – ihren Einkaufswagen unkontrolliert durch die Gänge des Supermarkts. HI entkommt, springt auf das von Ed gelenkte Auto auf, öffnet im Fahren die Tür, um das verloren gegangene Huggies-Paket mitzunehmen. Seiner Frau, die ihn beschimpft, er habe ein Raubüberfall begangen, gibt er zur Antwort, das sei nicht richtig, denn sein Gewehr sei nicht geladen gewesen. Im Übrigen – und mit dieser Wendung überraschen die

Coen-Brüder erneut – sei er Abkömmling von Pionieren. Man mag sich fragen, was der Windelraub mit den Pionieren zu tun haben mag.

10 Abschließende Bemerkung

Die Protagonisten in den Filmen der Coen-Brüder werden in der Literatur (vgl. Doom 2009; Conrad 2009) immer wieder als merkwürdig, selbstzerstörerisch, gewalttätig bezeichnet, als Menschen, denen man nicht auf der Straße begegnen möchte. Meine psychoanalytischen Interpretationen dieser seltsamen Figuren erhellen jedoch, dass ihr Verhalten von bewussten und unbewussten Motiven bestimmt wird. Die Zuschauer, die sich nicht gegen das Auftauchen eigener unerwünschter Motivationen und Wünsche abschotten, können bei der Reflexion darüber diese in sich selbst wahrnehmen.

Ich habe in meinen Ausführungen wiederholt darauf hingewiesen, dass die Brüder in ihren Filmen das psychische Erleben ihrer Antihelden und Helden gestalten. Sie tun dies nicht, indem sie das Verhalten dieser „Loser" moralisch anprangern, sie bedienen sich vielmehr gekonnt des schwarzen Humors, um darüber diese Strauchelnden, diese immer wieder Scheiternden, diese zwischen Destruktivität und Selbstdestruktivität Zerriebenen dem Zuschauer näher zu bringen. Der Humor ist die Brücke zum Universum dieser „Ritter von der traurigen Gestalt". In meinen Filmanalysen habe ich eine Nähe des ästhetischen Werkes der Coens zu meinem Verständnis von Psychoanalyse festgestellt. Der Humor eröffnet in psychoanalytischen Behandlungen ein differenziertes Verständnis für eigenes Tun und für das Erleben des Patienten.

Literatur und Filme

LITERATUR

Abraham K (1924). Versuch einer Entwicklungsgeschichte der Libido auf Grund der Psychoanalyse seelischer Störungen. In: Gesammelte Schriften Bd. II. Frankfurt a. M.: Fischer Taschenbuch Verlag 1982; S. 32–83.

Abraham N, Torok M (1972). Trauer und Melancholie, Introjizieren – Inkorporieren. Psyche 2001; 55(6): 545–559.

Arribas V (2011). El cine negro. Madrid: Notorious Ediciones.

Astruc F (2001). El cine de los Hermanos Coen. Barcelona: Paidós.

Baudry JL (1975). Das Dispositiv: Metapsychologische Betrachtungen des Realitätseindrucks. Psyche 1994; 48 (11): 1047–74.

Bazin A (2004). Theater und Film. In: Ders. Was ist Film? Berlin: Alexander; S. 162–216.

Bernfeld S (1969). Der soziale Ort und seine Bedeutung für Neurose, Verwahrlosung und Pädagogik. In: Werder L v, Wolff R (Hg). Autoritäre Erziehung und Psychoanalyse. Darmstadt: März Verlag: S. 199–211.

Bolterauer J (2006). Die Macht der Musik. Psychoanalytische Überlegungen zur Wirkweise von Musik und ihren Wurzeln in der frühkindlichen Entwicklung. Psyche 60(12), 1173–1204.

Bordwell D, Thompson K (2001). Film Art. An Introduction. New York: Mac Graw-Hill.

Burwell C (2003). Composing for the Coen Brothers. In: Sider L, Freeman D, Sider J (Hg). Soundscape: The School of Sound Lectures 1998–2001. London, New York: Wallflowers Press; S. 195–208.

Cain JM (1934). The Postman Always Rings Twice. Kindle Ed.

Conrad MT (Hg) (2009). The Philosophy of the Coen Brothers. Lexington: The University Press of Kentucky.

Deutsch S (2003). Music for Interactive Moving Pictures. In: Sider L, Freeman D, Sider J (Hg). Soundscape: The School of Sound Lectures 1998–2001. London, New York: Wallflowers Press; S. 28–34

Doom RP (2009). The Brothers Coen. Unique Characters of Violence (ABC-CLIO.LLC) Santa Barbara.

Edward L (1846). The Book of Nonsense. London: Thomas McLean Publisher.

Ferenczi S (1913). Entwicklungsstufen des Wirklichkeitssinnes. In: Schriften zur Psychoanalyse. Frankfurt a. M.: S. Fischer 1982.

Freud S (1912). Zur Dynamik der Übertragung. GW VIII, S. 364–374.

Freud S (1905). Drei Abhandlungen zur Sexualtheorie. GW V, S. 33–145.

Green A (1993). Todestrieb, negativer Narzissmus, Desobjektalisierungsfunktion. Psyche 2001; 55(9): 869–77.

Hammett D (1929). Red Harvest. New York: Grosset & Dunlop.

Hammett D (1931): The Glass Key. New York: Alfred A. Knopf.

Hermann I (1970). Perversion und Hörwelt. In: Psyche 24 (11), 827–40.

Kernberg O (2004). The Influence of the Gender of Patient and Analyst on the Psychoanalitical Relationship. In: Ders. Contempory Controversies in Psychoanalytic Theory, Techniques and their Applications. New Haven/London: Yale University Press; S. 246–66.

Kubie S, Margolin S (1944). The Process of Hymnotism and the Nature of Hypnotic State. In: Am J Psychiatry 100, 611–22.

Lachmann F (2010). Narzsissmus verstehen und verändern. Frankfurt a. M.: Brandes & Apsel.

Lewin B (1968). The Image and the Past. New York: International Universities Press.

Lewin B. (1953). Reconsideration of the Dream Screen. Psychoanal Q 22: 174–99.

Lewin B. (1950). Das Hochgefühl. Zur Psychoanalyse der gehobenen, hypomanischen und manischen Stimmung. Frankfurt a. M.: Suhrkamp 1982.

Lewin B (1946). Sleep, the Mouth and the Dream Screen. Psychoanal Q 15: 419–34.

Lorenzer A (1974). Die Wahrheit der psychoanalytischen Erkenntnis. Ein historisch-materialistischer Entwurf. (kursiv) Frankfurt a.M. (Suhrkamp).

Metz C (1975). Der fiktionale Film und sein Zuschauer. Eine metapsychologische Untersuchung. In: Psyche 1994; 48 (11): 1004–46.

Poland W (1990). The Gift of Laughter: On the Development of a Sense of Humor in Clinical Analysis. Psychoanal Q, 59(2): 197–225.

Pontalis JB (1984). Vorwort. Drehbuch Freud, Drehbuch Sartre. In: Sartre JP (1984). Freud. Das Drehbuch. Reinbek b. Hamburg: Rowohlt 1993; S. 7–30.

Pratt J (1943). Notes on Commercial Movie Technique. Int. J. Psychoanal; 24: 185–88.

Ridley J (2000). Brothers in Arms. Talking with Joel and Ethan Coen about „O Brother, Where Art Thou?“ (18.5.2000). http://www.nashvillescene.com/nashville/brothers-in-arms/Content?oid =1184330. (Letzter Zugriff 27.7.2016).

Seeßlen G, Körte P (Hg). (2000): Joel & Ethan Coen. Berlin: Dieter Bertz.

Scott R. The Reagan Assassination Attempt. CNN Crimes of the Century 28.7.2013.

Spitz R (1956). Die Urhöhle. Zur Genese der Wahrnehmung und ihrer Rolle in der psychoanalytischen Theorie. Psyche 9 (11): 641–67.

Stern DN et al. (1998). The Boston Change Process Study Group. Nichtdeutende Mechanismen in der psychoanalytischen Therapie. Das „Etwas-Mehr“ als Deutung. Psyche 2002; 56: 974–1006.

Stern DN (1991). Das Tagebuch eines Babys. Was ein Kind spürt, fühlt und denkt. München/Zürich: Piper.

Stern DN (1985). Die Lebenserfahrung eines Säuglings. Stuttgart: Klett-Cotta 1992.

Stern DN (1979). Mutter und Kind. Die erste Begegnung. Stuttgart: Klett-Cotta.

Torok M (1968). Trauerkrankheit und Phantasma des „Cadavre exquis". In: Psyche 1986; 6: 495–519.

Van Ronk D (mit Elija Wald) (2005). The Mayor of Mac Dougal Street. Boston: Da Capo Press.

Vernon K (2009). Queer Sound: Musical Otherness in the Films by Pedro Almodóvar. In: Epps BS, Kakoudaki D (Hg). All About Almodóvar. Minneapolis/London: University of. Minnesota Press; S. 51–70.

Wikipedia. Cockaigne. http://en.wikipedia.org/wiki/Cockaigne (29.09.2012).

Zeul M (2010). Pedro Almodóvar. Seine Filme, sein Leben. Frankfurt a. M.: Brandes & Apsel.

Zeul M (2007). Das Höhlenhaus der „Träume. Filme, Kino und Psychoanalyse. Frankfurt a. M.: Brandes & Apsel.

Zeul M (2004). „Momente der Begegnung“ in einer Traumabehandlung. In: Psyche (7) 48: 583–607.

Zeul M (Hg) (1996). Krankengeschichte als Lebensgeschichte. Stuttgart: Verlag Int. Psychoanalyse.

Zeul, M. (1994). Bilder des Unbewussten. Zur Geschichte des psychoanalytischen Filmtheorie. Psyche 48, 975–1003.

FILME

Tay Garnett (Regie). The Postman Always Rings Twice USA, 113 Min. Metro-Goldwyn-Mayer.

John Huston (Regie). The Maltese Falcon. USA 1941, 101 Min. Warner Bros.

Mervyn LeRoy (Regie). I am a Fugitive from a Chain Gang. USA 1932; 93 Min. Warner Bros u. Vitaphone.

Filmografie der Coen-Brüder

Blood Simple

Filmdaten	
Deutscher Titel	Blood Simple – Eine mörderische Nacht
Originaltitel	Blood Simple
Produktionsland	USA
Originalsprache	Englisch
Erscheinungsjahr	1984
Länge	99 Minuten/Director's Cut: 95 Minuten
Altersfreigabe	FSK 18
Stab	
Regie	Ethan und Joel Coen
Drehbuch	Ethan und Joel Coen
Produktion	Ethan Coen
Musik	Carter Burwell, Jim Roberge
Kamera	Barry Sonnenfeld
Schnitt	Ethan und Joel Coen als Roderick Jaynes; Don Wiegmann
Besetzung	
John Getz	Ray
Frances McDormand	Abby
Dan Hedaya	Julian Marty
M. Emmet Walsh	Loren Visser (Privatdetektiv)
Samm-Art Williams	Meurice
Deborah Neumann	Debra
Holly Hunter	Helene Trend (Stimme)
Barry Sonnenfeld	Martys Erbrechen (Stimme)

Raising Arizona

Filmdaten	
Deutscher Titel	Arizona Junior
Originaltitel	Raising Arizona
Produktionsland	USA
Originalsprache	Englisch
Erscheinungsjahr	1987
Länge	90 Minuten
Altersfreigabe	FSK 12
Stab	
Regie	Joel Coen
Drehbuch	Ethan und Joel Coen
Produktion	Ethan Coen
Musik	Carter Burwell
Kamera	Barry Sonnenfeld
Schnitt	Michael R. Miller
Besetzung	
Nicolas Cage	HI McDunnough
Holly Hunter	Edwina McDunnough
Trey Wilson	Nathan Arizona
John Goodman	Gale Snoats
William Forsythe	Evelle Snoats
Sam McMurray	Glen
Frances McDormand	Dot
Randall „Tex“ Cobb	Leonard Smalls

Miller's Crossing

Filmdaten	
Deutscher Titel	Miller's Crossing
Originaltitel	Miller's Crossing
Produktionsland	USA
Originalsprache	Englisch, Italienisch, Irish Gaelic, Jiddisch
Erscheinungsjahr	1990
Länge	115 Minuten
Altersfreigabe	FSK ab 16 (nach Neuprüfung)
Stab	
Regie	Joel Coen
Drehbuch	Ethan und Joel Coen
Produktion	Ethan Coen
Musik	Carter Burwell
Kamera	Barry Sonnenfeld
Schnitt	Michael R. Miller
Besetzung	
Gabriel Byrne	Tom Reagan
Marcia Gay Harden	Verna Bernbaum
Albert Finney	Liam „Leo" O'Bannon
Jon Polito	Johnny Caspar
John Turturro	Bernie Bernbaum
J. E. Freeman	Eddie Dane
Steve Buscemi	Mink LaRuie
Mike Starr	Frankie
Al Mancini	Tic-Tac
Richard Woods	Bürgermeister Dale Levander
Thomas Toner	O'Doole
Mario Todisco	Clarence „Drop" Johnson
Olek Krupa	Tad
Lanny Flaherty	Terry
Michael Badalucco	Caspars Fahrer
Sam Raimi	kichernder Schütze
Frances McDormand	Sekretärin des Bürgermeisters

Barton Fink

Filmdaten	
Deutscher Titel	Barton Fink
Originaltitel	Barton Fink
Produktionsland	USA Großbritannien
Originalsprache	Englisch
Erscheinungsjahr	1991
Länge	116 Minuten
Altersfreigabe	FSK 16
Stab	
Regie	Ethan und Joel Coen
Drehbuch	Ethan und Joel Coen
Produktion	Ethan Coen
Musik	Carter Burwell
Kamera	Roger Deakins
Schnitt	Ethan und Joel Coen als Roderick Jaynes
Besetzung	
John Turturro	Barton Fink
John Goodman	Charlie Meadows
Judy Davis	Audrey Taylor
Michael Lerner	Jack Lipnick
John Mahoney	W.P. Mayhew
Tony Shalhoub	Ben Geisler
Jon Polito	Lou Breeze
Steve Buscemi	Chet
Max Grodénchik	Clapper Boy
BarrySonnenfeld	Der nach Barton Fink rufende Page

Fargo

Filmdaten	
Deutscher Titel	Fargo
Originaltitel	Fargo
Produktionsland	Großbritannien USA
Originalsprache	Englisch
Erscheinungsjahr	1996
Länge	98 Minuten
Altersfreigabe	FSK 16
Stab	
Regie	Joel Coen
Drehbuch	Ethan und Joel Coen
Produktion	Ethan Coen
Musik	Carter Burwell
Kamera	Roger Deakins
Schnitt	Ethan und Joel Coen als Roderick Jaynes
Besetzung	
Frances McDormand	Marge Gunderson
William H. Macy	Jerry Lundegaard
Steve Buscemi	Carl Showalter
Harve Presnell	Wade Gustafson
Peter Stormare	Gaear Grimsrud
Kristin Rudrüd	Jean Lundegaard
John Carroll Lynch	Norm Gunderson
Steve Reevis	Shep Proudfoot
Bruce Campbell	Seifenopern-Darsteller
José Feliciano	er selbst

The Big Lebowski

Filmdaten	
Deutscher Titel	The Big Lebowski
Originaltitel	The Big Lebowski
Produktionsland	USA, Großbritannien
Originalsprache	Englisch
Erscheinungsjahr	1998
Länge	117 Minuten
Altersfreigabe	FSK 12
Stab	
Regie	Joel Coen; Ethan Coen (unerwähnt)
Drehbuch	Ethan und Joel Coen
Produktion	Ethan Coen; Joel Coen (unerwähnt)
Musik	Carter Burwell
Kamera	Roger Deakins
Schnitt	Ethan und Joel Coen als Roderick Jaynes; Tricia Cooke
Besetzung	
Jeff Bridges	Jeffrey Lebowski (The Dude)
John Goodman	Walter Sobchak
Steve Buscemi	Theodore Donald „Donny" Kerabatsos
Julianne Moore	Maude Lebowski
David Huddleston	Jeffrey Lebowski (The Big Lebowski)
Philip Seymour Hoffman	Brandt
John Turturro	Jesus Quintana
Tara Reid	Bunny Lebowski
Ben Gazzara	Jackie Treehorn
Jimmie Dale Gilmore	Smokey
Sam Elliott	The Stranger

Peter Stormare	Nihilist 1, Uli Kunkel/Karl Hungus
Flea	Nihilist 2, Kieffer
Torsten Voges	Nihilist 3, Franz
Aimee Mann	Nihilistin, Franz' Freundin
Jon Polito	Da Fino, der Privatdetektiv im blauen VW Käfer
David Thewlis	Knox Harrington, der Videokünstler

O Brother, Where Art Thou

Filmdaten	
Deutscher Titel	O Brother, Where Art Thou? – Eine Mississippi-Odyssee
Originaltitel	O Brother, Where Art Thou?
Produktionsland	Großbritannien Frankreich USA
Originalsprache	Englisch
Erscheinungsjahr	2000
Länge	103 Minuten
Altersfreigabe	FSK 12
Stab	
Regie	Ethan und Joel Coen
Drehbuch	Ethan und Joel Coen
Produktion	Ethan Coen
Musik	T-Bone Burnett; Carter Burwell
Kamera	Roger Deakins
Schnitt	Ethan und Joel Coen als Roderick Jaynes; Tricia Cooke
Besetzung	
George Clooney	Everett
John Turturro	Pete
Tim Blake Nelson	Delmar
John Goodman	Big Dan Teague
Holly Hunter	Penny
Chris Thomas King	Tommy Johnson
Charles Durning	Pappy O'Daniel
Michael Badalucco	George Nelson
Daniel von Bargen	Sheriff Cooley
Stephen Root	Mann beim Radiosender
Gillian Welch	Kundin im Plattenladen
Mia Tate	Sirene
Musetta Vander	Sirene
Christy Taylor	Sirene

The Man Who Wasn't There

Filmdaten	
Deutscher Titel	The Man Who Wasn't There auch: Der unauffällige Mr. Crane
Originaltitel	The Man Who Wasn't There
Produktionsland	USA
Originalsprache	Englisch
Erscheinungsjahr	2001
Länge	116 Minuten
Altersfreigabe	FSK 12
Stab	
Regie	Joel Coen
Drehbuch	Ethan und Joel Coen
Produktion	Ethan Coen
Musik	Carter Burwell
Kamera	Roger Deakins
Schnitt	Tricia Cooke; Ethan und Joel Coen als Roderick Jaynes
Besetzung	
Billy Bob Thornton	Ed Crane
Frances McDormand	Doris Crane
Michael Badalucco	Frank
James Gandolfini	Dave „Big Dave" Brewster
Katherine Borowitz	Ann Nirdlinger Brewster
Jon Polito	Creighton Tolliver
Scarlett Johansson	Rachel „Birdy" Abundas
Tony Shalhoub	Freddy Riedenschneider
Christopher Kriesa	Officer Persky
Alan Fudge	Dr. Diedrickson
Abraham Benrubi	Party Man
Jennifer Jason Leigh	Inhaftierte
Richard Jenkins	Walter Abundas
Jack McGee	P. I. Burns
Lilyan Chauvin	Medium
Brooke Smith	Schluchzende Inhaftierte
Christopher McDonald	Macadam-Verkäufer

No Country For Old Men

Filmdaten	
Deutscher Titel	No Country for Old Men
Originaltitel	No Country for Old Men
Produktionsland	USA
Originalsprache	Englisch, Spanisch
Erscheinungsjahr	2007
Länge	122 Minuten
Altersfreigabe	FSK 16 JMK 16
Stab	
Regie	Ethan und Joel Coen
Drehbuch	Ethan und Joel Coen
Produktion	Ethan und Joel Coen; Robert Graf; Scott Rudin
Musik	Carter Burwell
Kamera	Roger Deakins
Schnitt	Ethan und Joel Coen als Roderick Jaynes
Besetzung	
Josh Brolin	Llewelyn Moss
Javier Bardem	Anton Chigurh
Tommy Lee Jones	Sheriff Ed Tom Bell
Woody Harrelson	Carson Wells
Kelly Macdonald	Carla Jean Moss
Garret Dillahunt	Deputy Wendell
Tess Harper	Loretta Bell
Barry Corbin	Ellis
Stephen Root	Auftraggeber von Wells
Beth Grant	Agnes Kracik

Burn After Reading

Filmdaten	
Deutscher Titel	Burn After Reading – Wer verbrennt sich hier die Finger?
Originaltitel	Burn After Reading
Produktionsland	USA
Originalsprache	Englisch
Erscheinungsjahr	2008
Länge	96 Minuten
Altersfreigabe	FSK 12
Stab	
Regie	Ethan und Joel Coen
Drehbuch	Ethan und Joel Coen
Produktion	Tim Bevan; Eric Fellner; Ethan und Joel Coen
Musik	Carter Burwell
Kamera	Emmanuel Lubezki
Schnitt	Ethan und Joel Coen als Roderick Jaynes
Besetzung	
George Clooney	Harry Pfarrer
Frances McDormand	Linda Litzke
John Malkovich	Osbourne „Ozzie" Cox
Brad Pitt	Chad Feldheimer
Tilda Swinton	Katie Cox
Richard Jenkins	Ted Treffon
Elizabeth Marvel	Sandy Pfarrer
David Rasche	CIA-Officer Palmer
J. K. Simmons	CIA-Abteilungsleiter
Olek Krupa	Krapotkin
Dermot Mulroney	„Coming-up-Daisy"-Star

True Grit

Filmdaten	
Deutscher Titel	True Grit
Originaltitel	True Grit
Produktionsland	USA
Originalsprache	Englisch
Erscheinungsjahr	2010
Länge	110 Minuten
Altersfreigabe	FSK 12 JMK 14
Stab	
Regie	Ethan und Joel Coen
Drehbuch	Ethan und Joel Coen
Produktion	Ethan und Joel Coen; Scott Rudin; Megan Ellison
Musik	Carter Burwell
Kamera	Roger Deakins
Schnitt	Ethan und Joel Coen als Roderick Jaynes
Besetzung	
Jeff Bridges	Reuben „Rooster“ Cogburn
Hailee Steinfeld	Mattie Ross
Matt Damon	LaBoeuf
Josh Brolin	Tom Chaney
Barry Pepper	Lucky Ned Pepper
Dakin Matthews	Colonel Stonehill
Jarlath Conroy	Bestatter
Paul Rae	Emmett Quincy
Domhnall Gleeson	Moon (The Kid)
Elizabeth Marvel	Mattie als 40-jährige

Inside Llewyn Davis

Filmdaten	
Deutscher Titel	Inside Llewyn Davis
Originaltitel	Inside Llewyn Davis
Produktionsland	USA Frankreich
Originalsprache	Englisch
Erscheinungsjahr	2013
Länge	105 Minuten
Altersfreigabe	FSK 12 JMK 8
Stab	
Regie	Ethan und Joel Coen
Drehbuch	Ethan und Joel Coen
Produktion	Ethan und Joel Coen; Scott Rudin
Musik	T-Bone Burnett; Todd Kasow; Marcus Mumford
Kamera	Bruno Delbonnel
Schnitt	Ethan und Joel Coen als Roderick Jaynes
Besetzung	
Oscar Isaac	Llewyn Davis
Carey Mulligan	Jean
Justin Timberlake	Jim
Ethan Phillips	Mitch Gorfein
Robin Bartlett	Lillian Gorfein
Max Casella	Pappi Corsicato
Jerry Grayson	Mel Novikoff
Adam Driver	Al Cody
Stark Sands	Troy Nelson
John Goodman	Roland Turner
Garrett Hedlund	Johnny Five
F. Murray Abraham	Bud Grossman

Film

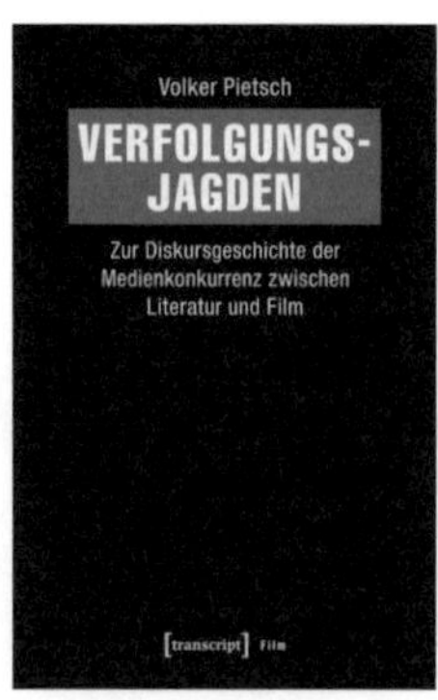

Volker Pietsch
Verfolgungsjagden
Zur Diskursgeschichte der Medienkonkurrenz zwischen Literatur und Film

Mai 2017, ca. 340 Seiten,
kart., zahlr. z.T. farb. Abb., ca. 34,99 €,
ISBN 978-3-8376-3386-3

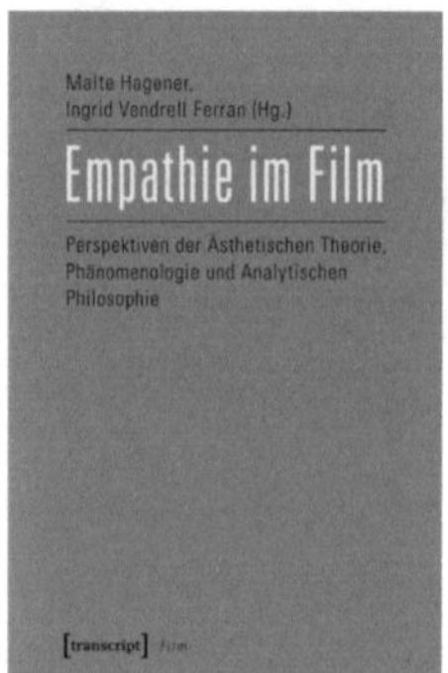

Malte Hagener, Ingrid Vendrell Ferran (Hg.)
Empathie im Film
Perspektiven der Ästhetischen Theorie, Phänomenologie und Analytischen Philosophie

Januar 2017, ca. 210 Seiten, kart., ca. 29,99 €,
ISBN 978-3-8376-3258-3

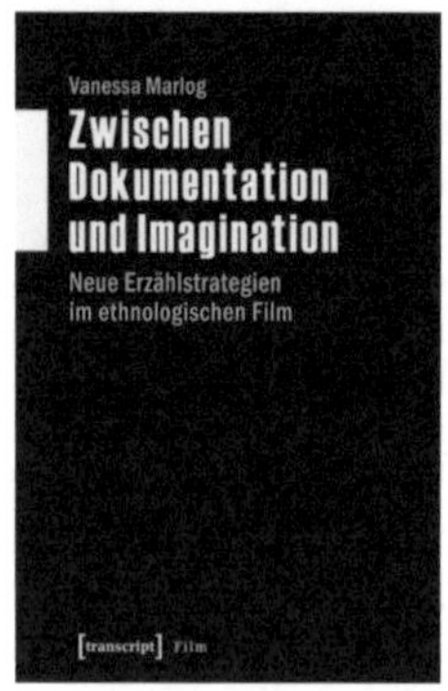

Vanessa Marlog
Zwischen Dokumentation und Imagination
Neue Erzählstrategien im ethnologischen Film

Februar 2016, 218 Seiten, kart., 34,99 €,
ISBN 978-3-8376-3398-6

Leseproben, weitere Informationen und Bestellmöglichkeiten finden Sie unter www.transcript-verlag.de

Film

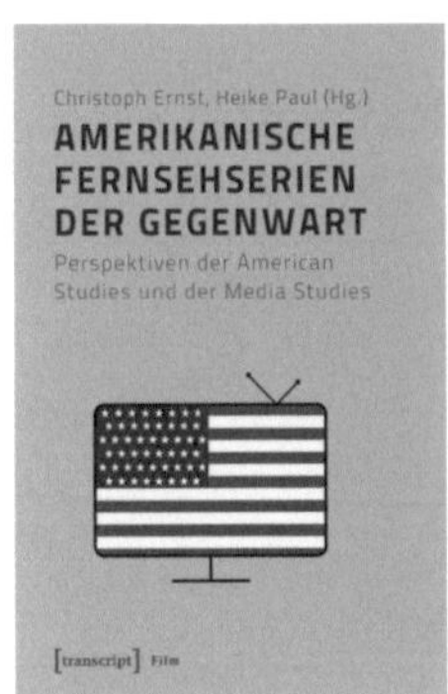

Christoph Ernst, Heike Paul (Hg.)
Amerikanische Fernsehserien der Gegenwart
Perspektiven der American Studies
und der Media Studies

2015, 348 Seiten, kart., zahlr. Abb., 39,99 €,
ISBN 978-3-8376-1989-8

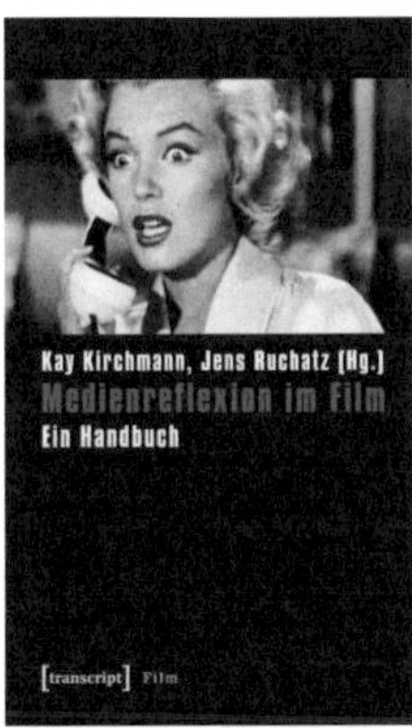

Kay Kirchmann, Jens Ruchatz (Hg.)
Medienreflexion im Film
Ein Handbuch

2014, 458 Seiten, kart., zahlr. Abb., 34,99 €,
ISBN 978-3-8376-1091-8

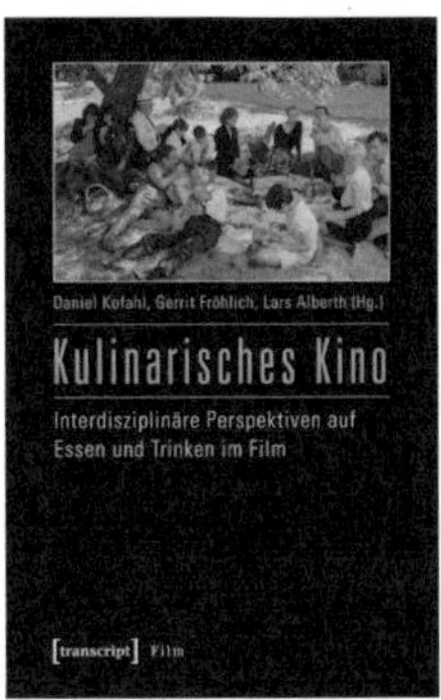

Daniel Kofahl, Gerrit Fröhlich, Lars Alberth (Hg.)
Kulinarisches Kino
Interdisziplinäre Perspektiven
auf Essen und Trinken im Film

2013, 280 Seiten, kart., 29,80 €,
ISBN 978-3-8376-2217-1

Leseproben, weitere Informationen und Bestellmöglichkeiten finden Sie unter www.transcript-verlag.de

Film

Vera Cuntz-Leng
Harry Potter que(e)r
Eine Filmsaga im Spannungsfeld von Queer Reading, Slash-Fandom und Fantasyfilmgenre
2015, 488 Seiten,
kart., zahlr. z.T. farb. Abb., 49,99 €,
ISBN 978-3-8376-3137-1

Kathrina Edinger
Ortung – die multimediale Vermessung eines Militärstandortes
Postmoderne Geschichtsschreibung im Dokumentarfilm
2015, 282 Seiten,
kart., zahlr. z.T. farb. Abb., 34,99 €,
ISBN 978-3-8376-3114-2

Christa Pfafferott
Der panoptische Blick
Macht und Ohnmacht in der forensischen Psychiatrie. Künstlerische Forschung in einer anderen Welt
2015, 368 Seiten, kart., 34,99 €,
ISBN 978-3-8376-2984-2

Keyvan Sarkhosh
Kino der Unordnung
Filmische Narration und Weltkonstitution bei Nicolas Roeg
2014, 474 Seiten,
kart., zahlr. z.T. farb. Abb., 44,99 €,
ISBN 978-3-8376-2667-4

Katharina Müller
Haneke
Keine Biografie
2014, 432 Seiten, kart., 34,99 €,
ISBN 978-3-8376-2838-8

Christiane Hille, Julia Stenzel (Hg.)
CREMASTER ANATOMIES
Beiträge zu Matthew Barneys CREMASTER Cycle aus den Wissenschaften von Kunst, Theater und Literatur
2014, 258 Seiten,
kart., zahlr. z.T. farb. Abb., 35,99 €,
ISBN 978-3-8376-2132-7

Henrike Hahn
Verfilmte Gefühle
Von »Fräulein Else« bis »Eyes Wide Shut«. Arthur Schnitzlers Texte auf der Leinwand
2014, 404 Seiten,
kart., zahlr. Abb., 39,99 €,
ISBN 978-3-8376-2481-6

Peter Scheinpflug
Formelkino
Medienwissenschaftliche Perspektiven auf die Genre-Theorie und den Giallo
2014, 308 Seiten, kart., 35,99 €,
ISBN 978-3-8376-2674-2

Tobias Nanz, Johannes Pause (Hg.)
Das Undenkbare filmen
Atomkrieg im Kino
2013, 180 Seiten, kart., zahlr. Abb., 26,80 €,
ISBN 978-3-8376-1995-9

Lukas Foerster, Nikolaus Perneczky, Fabian Tietke, Cecilia Valenti (Hg.)
Spuren eines Dritten Kinos
Zu Ästhetik, Politik und Ökonomie des World Cinema
2013, 282 Seiten,
kart., zahlr. Abb., 32,80 €,
ISBN 978-3-8376-2061-0

Hauke Haselhorst
Die ewige Nachtfahrt
Mythologische Archetypen und ihre Repräsentationen im Film »Lost Highway« von David Lynch
2013, 352 Seiten,
kart., zahlr. farb. Abb., 36,80 €,
ISBN 978-3-8376-2079-5

Leseproben, weitere Informationen und Bestellmöglichkeiten finden Sie unter www.transcript-verlag.de

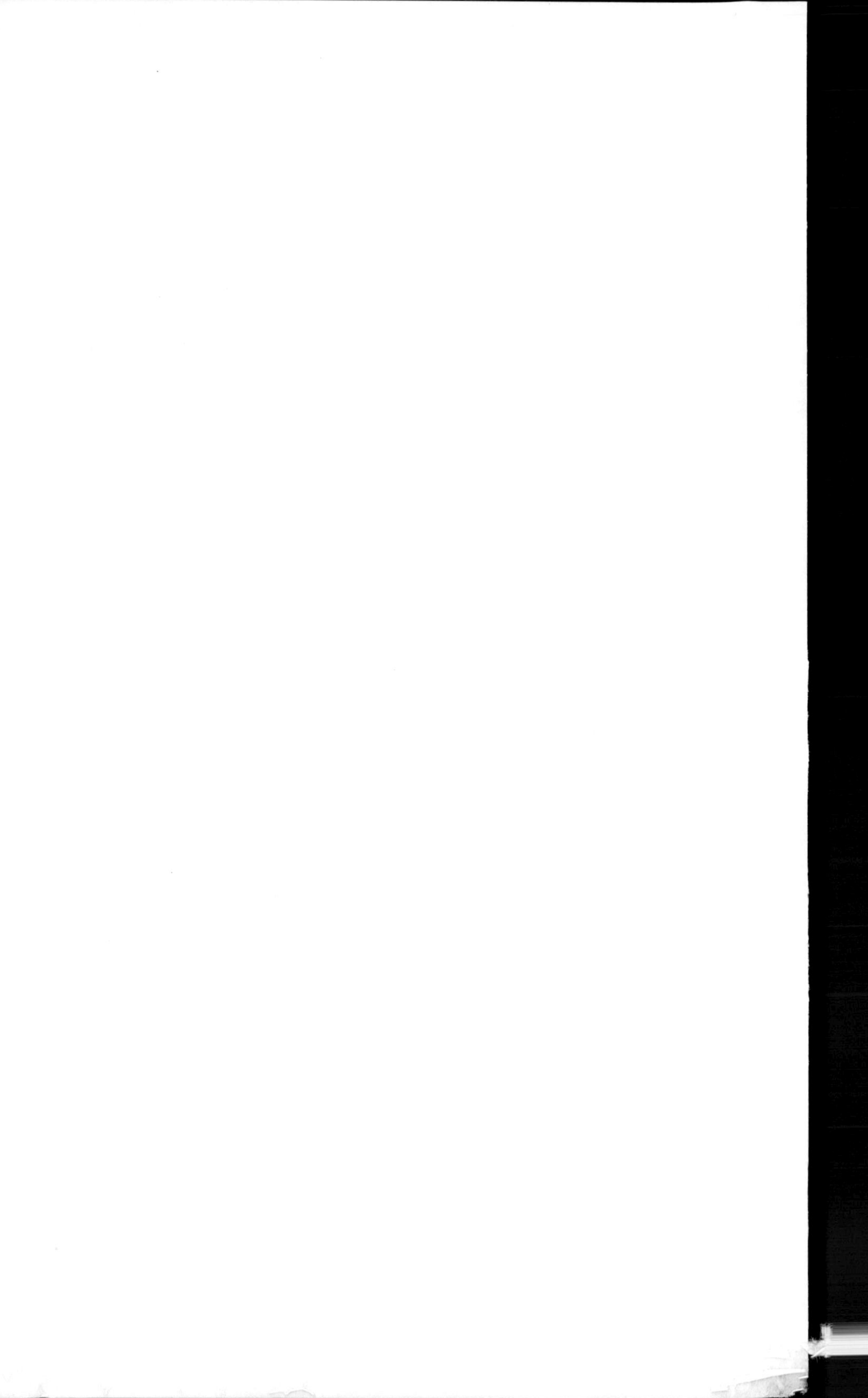